HEAD STRONG

How to Get Physically and Mentally Fit

身心思维

大脑与身体的
整体训练

(英) 东尼·博赞 ◎著

世界思维导图理事会编委会 ◎译

化学工业出版社

·北京·

Head Strong, 1st edition by Tony Buzan.
ISBN 9780007113972
Copyright © Tony Buzan 2001.
All rights reserved.
Published by arrangement with HarperCollins*Publishers* Ltd.
This edition published 2001 by HarperCollins*Publishers* Ltd.

本书中文简体字版由 Tony Buzan 授权上海慧志文化传播有限公司，由上海慧志文化传播有限公司转授权于化学工业出版社独家出版发行。

本书仅限在中国内地（大陆）销售，不得销往中国香港、澳门和台湾地区。

未经许可，不得以任何方式复制或抄袭本书的任何部分，违者必究。

北京市版权局著作权合同登记号：01-2019-3468

图书在版编目（CIP）数据

身心思维/（英）东尼·博赞（Tony Buzan）著；世界思维导图理事会编委会译．—北京：化学工业出版社，2020.1

书名原文：Head Strong

ISBN 978-7-122-35735-9

Ⅰ．①身… Ⅱ．①东… ②世… Ⅲ．①思维科学 Ⅳ．① B80

中国版本图书馆 CIP 数据核字（2020）第 163012 号

责任编辑：王冬军　张丽丽　　　策　划：上海慧志文化
责任校对：边　涛　　　　　　　封面设计：水玉银文化 syyart@qq.com

出版发行：化学工业出版社（北京市东城区青年湖南街 13 号　邮政编码 100011）
印　　装：凯德印刷（天津）有限公司
710mm×1000mm 1/16　印张 17¼　字数 383 千字
2020 年 10 月北京第 1 版第 1 次印刷

购书咨询：010-64518888　　售后服务：010-64518899
网　　址：http://www.cip.com.cn
凡购买本书，如有缺损质量问题，本社销售中心负责调换。

定　　价：69.80 元　　　　　　　　　　　　　版权所有　违者必究

出版说明

世界思维导图理事会编委会隶属于世界思维导图理事会,致力于思维导图教育培训类图书的编著与翻译工作,所涉及著作皆获得东尼·博赞教授和世界思维导图理事会官方授权,包括东尼·博赞的经典著作(东尼·博赞思维导图系列图书)及与思维导图锦标赛、思维导图水平认证考级、东尼·博赞授权TBLI认证讲师(TBLI)、东尼·博赞认证管理师(Tony Buzan Certified Practitioner)等官方赛事及权威认证活动相关的专业培训教材。

本套思维导图系列图书的编委会成员有:张陆武(主编)、黄丽元、宋莹、刘丽琼、郝丽娟、刘瑜、杜新霞、张超、焦杨、张宇、张莹、郝靓瑶。在整个编写的过程中,这些来自全国各地,活跃在思维导图行业一线的专业精英们付出了辛勤的汗水,耗费了大量心血。我们在这里谨向以上人员表示衷心的感谢。

希望在我们努力"灌溉"下,思维导图这朵"智慧之花"长久地绚烂绽放,也愿这套思维导图系列图书在推广思维导图、促进全民健脑运动方面,能起到重要而关键的作用。

世界思维导图理事会编委会

LETTER FROM TONY BUZAN
INVENTOR OF MIND MAPS

The new edition of my Mind Set books and my Biography, written by Grandmaster Ray Keene OBE will be published simultaneously this year in China. This is an historical moment in the advance of global Mental Literacy, marked by the simultaneous release of the new edition of Mind Set and my biography to millions of Chinese readers. Hopefully, this simultaneous release will create a sensation in China.

The future of the planet will to a significant extent be decided by China, with its immense population and its hunger for learning. I am proud to play a key role in the expansion of Mental Literacy in China, with the help of my good friend and publisher David Zhang, who has taken the leading role in bringing my teachings to the Chinese audience.

The building blocks of my teaching are Memory power, Speed Reading, Creativity and the raising of the multiple intelligence quotients, based on my technique of Mind Maps. Combined these elements will lead to the unlocking of the potential for genius that resides in you and every one of us.

TONY BUZAN

MARLOW UK 5/07/2013

致中文读者的亲笔信

2013年，新版"思维导图系列"和雷蒙德·基恩为我撰写的传记在中国出版发行，数百万的中国读者将开始接触并了解思维潜能开发的相关知识和应用。这无疑是一个具有历史意义的重要时刻——它预示着我们将步入全球思维教育开发的时代。我希望它们能在中国引起巨大的反响。

中国有着众多的人口和强烈的求知欲，很大程度上将决定世界的未来。我很自豪，在我的好朋友、出版人张陆武先生的帮助下，我在中国的思维教育中发挥了一些关键的作用。我非常感谢他，是他把我的思维教育带给了中国的大众。

我的思维教育是建立在思维导图技能基础上的多种理念的集合，包括记忆力、快速阅读、创造力和多元智商的提升等。如果把这些元素结合起来，那么我们就能发掘自身的天才潜能。

东尼·博赞
2013年7月5日

人类下一阶段进化的重大标志是：跨越潜意识，从而有意识地控制自己的大脑和身体。

马提亚·亚历山大（Matthias Alexander）

推荐序

起初，当我选择将划船作为自己毕生职业的时候，我认为自己所需要做的仅仅就是训练——锻炼肌肉力量。

实则不然，我逐渐意识到这其中还有更多需要我为之努力的其他事情，例如：

（1）了解训练后身体多方面的变化有着至关重要的作用；

（2）如何在这项运动中发挥出关键肌力量的各种优势；

（3）饮食对身体锻炼产生的重大影响。

但最重要的是，我开始意识到了大脑对我的身体是有影响的。大脑活动对身体锻炼的效果以及比赛能否获胜有重大影响，而这一切都取决于我的思维模式。自从意识到这一点之后，我就开始同时对身体和大脑进行有计划的整体训练。

为此，我要提一个人：东尼·博赞。就大脑对人体的重要性这一点，他了如指掌，他也是我见过的为数不多在这方面颇有造诣的人。有一次，当他问我奥林匹克帆船决赛中的情况时，我说："东尼，其实这主要是一场'大脑间的对决'。"

如果你想在当前状态下有所突破，或者想拥有更加健康、舒适和成功的人生，那么本书将助你开启征途。

史蒂夫·雷德格雷夫爵士

（Sir Steve Redgrave，CBE）

HEAD STRONG

前言

小时候，我总喜欢问各种问题，例如：谁更聪明是由谁来评判的？聪明具备什么特性？后天训练可以让人变得聪明吗？那个时候的我，毫无运动能力，不喜欢与体育相关的任何运动，即使是学校必修的体育课，也提不起我对运动的一点儿兴趣。

但是，13岁的时候，我对体育运动的态度发生了转变，因为我发现具有健壮体格的男孩更容易吸引女孩的注意力。于是，我的一位体格健壮的朋友开始教我练习俯卧撑、引体向上和仰卧起坐。作为朋友，我们从一开始的相互监督双方，到慢慢地，我努力开始超越他。

一开始接触运动的时候，我表现得很差劲。

不过慢慢地，因为不断坚持，我确实发生了改变。有一天，当我走到镜子前看自己时，我震惊了！我第一次看到自己腹部隐约有了肌肉的轮廓（正是"六块腹肌"），我的胸部、肩膀和手臂都练出了健壮的肌肉！

我的身体发生了改变！

我整个人都发生了改变！

我发现身体的肌肉并不是机械式地固定存在，它们就像是一台灵活的"机器"，会随着训练的方式而发生相应变化，无论是滥用、浪费还是有效利用，它都是属于我的。

就这样，我对体育运动的态度发生了转变。我不再像小时候那样厌恶运动，运动并不让我觉得痛苦。相反地，我面对运动变得情绪高涨，因为我发现运动有助于减压，它使我精力更加旺盛，精神面貌焕然一新。

渐渐地，我开始对更多类型的健身运动感兴趣，例如：柔术、空手道以及号称"武术之王"的合气道。与此同时，我疯狂地爱上了跑步和划船，还成了健身俱乐部的教练。为了让身形变得更好，我还爱上了迪斯科和交际舞……

所有的这些运动，使得我最终有幸参与了奥林匹克运动员的训练指导工作。

大脑与身体

当我年轻时发现可以通过体育锻炼改变自己的体格这一点之后，我就进一步想到：既然身体的能力和力量可以改变，那么，大脑的能力和力量能不能改变呢？

答案是：当然可以！

不仅如此，我还发现，大脑与身体，这两者之间是有紧密联系的：

> 锻炼大脑，身体素质会得到提高。
> 锻炼身体，大脑思维会更加敏捷。

通过总结毕生的经验和不断的自我探索（包括经历多次失败），我发现自己之前一心追求的思维技巧是确实存在的；其次，我发现可以通过适当的方式将压力和愤怒的情绪转化为动力；最后，这世上确实存在某种思维技巧能够使人取得更大的成就，也存在某种技巧能够全方位提升人的身心素质。另外补充一点，"一边大脑比另一边大脑更发达"的理论一直存在。

提高身心素质的根本方法在于了解如何使用大脑的力量。

当学会了如何利用大脑之后，你就再也不用担心无法实现自己的愿望了！本书将会为你揭晓如何使用大脑的力量来改变你的人生！

我希望，本书能够让你在今后的人生旅途中更加游刃有余，如果你能像我说的去做，那么你就可以从自我的探索与发现中持续收获更多的快乐及欣喜，并且终身受益！

本书特色

为了帮助读者快速地了解自己的潜能，本书还融合了以下几个特色表达方式：

1. 故事

本书根据章节内容列举许多恰当且有趣的故事，让读者更清晰地了解自己的身体以及大脑功能。

2. 科学研究

本书的内容基于相关科学研究的报告，旨在说明为读者提供的这些探索大脑的信息是扎实可信的。

3. 人物典范

本书融入鼓舞人心的人物事迹，讲述著名运动员和思考者如何完美地协调身体与大脑之间的关系。

4. 名人名言

本书会根据章节内容引用名人语录，所引用的语录都是思想的结晶，对帮助读者了解身体和大脑的发展具有重要作用。

5. 大脑快速测试和游戏

本书会根据章节内容设计相应的测试和游戏，旨在提升读者对大脑的认知水平以及运用大脑技能的水平。测试答案会在章节末尾处公布。

6. 插图

插图、图解、曲线图、表格以及素描等贯穿整本书。所有的这些插图都是为了使得知识形象化、内容直观化，让你的阅读过程变得更愉悦，也让你觉得此书更有阅读价值。

7. 思维导图

所有章节中所绘制的思维导图，可以帮助读者把思考的内容信息浓缩成一个简单的、相互联系的示意图，从中折射出大脑内在的运作原理，将思维具体化，使得学习、记忆和创造过程更为简单。

8. 大脑"增强剂"

大脑"增强剂"指的是各种口号/陈述/宣言，它们可以辅助你掌握与大脑细胞功能和元-积极思维相关的新知识，并使其潜移默化地影响你的思维方式，最终大幅提升你成功的可能性。

大脑快速测试——大脑和身体面临的问题

在一张纸上详细地列出你在利用大脑和身体时遇到的所有问题，不要遗漏或是有所隐瞒，诚实地罗列出自己的问题，你所揭露的问题越多，你在阅读本书时就会更轻易地找到解决问题的正确方式。

无论记下多少问题，请不要因此而过度忧虑。尽管你所列举的问题（或是其他人列举的问题）看起来令人有些气馁，但你还是应该对自己充满信心！因为你会逐渐意识到：你的大脑和身体可以比平时表现得更好，即使它们目前缺乏训练，而且正面临着巨大的压力。

大脑测试得出的普遍存在问题表明：这些潜在问题之所以存在，是因为我们并没有真正了解自己——我们究竟是如何进行工作和思考的。如果把人体比作一架超音速喷气发动机，不幸的是，我们既不了解这架发动机的复杂构造，也不懂得其飞行原理。在这种无知的状态下，我们把水装进了油箱，甚至将沙子也倒了进去。最后导致这架超音速喷气发动机还没开始运作就因能量填充不当而报废了。

其实，超音速喷气发动机是可以正常运作的。同样，大脑和身体也可以出色地协调运作。而其中的关键，不过在于知道如何正确地保养，如何补给能量。

以下问题是由成千上万听过我的课程以及在博赞中心学习过的人自愿提供的。他们来自五大洲各地，拥有不同的年龄和不同的社会阶层，其身份职业包括商人、大学生、儿童、从政者、教师、教授以及工人等，但即便如此，他们所提供的问题却惊人地相似，这足以证明了这些问题的普适性，并且它们应当得到足够的重视。

身体和大脑面临的最普遍的问题（这些问题的收集耗时30年，涉及五大洲2万多人）：

警戒　　　　　　　　　　　　　缺乏想象力

焦虑和无用的担心　　　　　　　缺乏耐心

缺乏天赋　　　　　　　　　　　懒惰

社交能力弱（尤其是与不熟悉的人）　学习问题

无法在应有的场合表明恰当的看法　记忆力下降

厌倦情绪　　　　　　　　　　　精神问题

思维不清晰　　　　　　　　　　缺乏动力

专心　　　　　　　　　　　　　消极的思想

身体协调　　　　　　　　　　　神经问题

精神协调　　　　　　　　　　　不会记笔记

决断力　　　　　　　　　　　　惊恐

抑郁　　　　　　　　　　　　　姿态/姿势问题

饮食问题　　　　　　　　　　　压力

纪律　　　　　　　　　　　　　问题解决能力

缺乏能量

经常疲倦

害怕失败

健康问题

思维迟钝

身体僵硬

注意力

沮丧情绪

目标制定问题

衰老——精神和身体机能下降

精神紧绷

常见健康问题

自我信念

自信问题

自律问题

夫妻问题

害羞

睡眠问题——不足/惊扰/缺乏

学习速度问题

运动问题

精神毅力问题

身体耐力

力量问题

视力问题

意志力弱

把问题转换成目标

既然现在你已经找出了自己存在的"问题",那么请为本书第一讲做好准备——积极思考。看一下你所列举的问题,然后把这些问题转换为积极的目标。例如,你的问题是缺乏创造力,那么,你的目标就是在本书的辅助下,提升创造性思维的技巧。同样,如果你的问题与身体健康和毅力有关,那么再次在本书的辅助下,你的目标就是针对性地进行体育锻炼,提高身体素质。

你也许会这么想:"嗯,是的,为了往好的方面发展,我曾尝试过改变,但是,没有成功。我现在又想着改变,这有什么意义呢?"有意义!你现在需要做的就是:提升自己。你不需要做其他任何事情!当你在阅读本书时,你将获得如何将想法和承诺转换为实际行动的指导方法。与此同时,你也将了解把想法和承诺转换为行动是很有必要的,是采取行动的第一步,决定采取行动这件事本身就已经提升了你成功的概率。当你阅读到这里,你就已经有很大希望取得成功了。

本书会帮助你实现你所有的目标,改善身心健康,开启全新的人生道路。

导言

你的身体和大脑

20世纪末，人类有了一个重大发现：大脑与身体实际上是相互关联的！在过去的200年里，由于大脑与身体在概念上的巨大差异，我们一直认为两者是分开工作的。其实不然，本书将带领你重新认识大脑与身体是如何进行相互关联的，并且向你展示不断增强这种关联所产生的力量。

你知道吗？

人可以奇迹般地从重疾中康复，也可以战胜严重的身体残疾，而这仅仅凭借意志力——大脑对身体所施加的控制——就可以做到。

阅读这本书，你将会了解到大脑与身体潜在的惊人力量。

本书的核心就是"身心思维"。本书聚焦于利用思维技巧来促进身体（心）健康，以及通过健身和训练使得身体达到最佳状态，并最大化提升身体和智力水平。

本书包含6大板块：

1. 介绍大脑的主要构成，即大脑惊人的力量和脑细胞的神奇能力。
2. 介绍大脑运作的5条规律：

- 协同效应
- 寻求知识
- 追求真相
- 成功法则
- 坚持不懈

这5条规律会让你对大脑如何运作有更多的了解，最终使得你轻松掌握利用大脑的方法。

3. 介绍两大主要的思维方式——元-积极思维（Meta-Positive Thinking）和发散性思维（Radiant Thinking），并进一步转变你的思维方式。元-积极思维将教会你实现目标最为可靠的工具和方法；发散性思维则会让你领略创造力的无限可能。

4. 介绍一种颠覆性的"成功法则"，也被称为"TEFCAS"，它的特别之处在于能够帮助你从失败中走向成功，并在一切成功的基础上再接再厉。

5. 通过向你提供关于如何维持身体充沛精力方面最前沿的信息，来帮助你培养和发展体能，促进身心健康，滋养幸福感。这些领域的信息包括：体形身姿、有氧运动、柔韧度训练、肌肉力量训练、饮食、减压和舒缓、睡眠和休息以及积极心态等方面。

6. 教你学会利用本书的知识，用一个更加积极且全面的视角重新认识自己与其他人。

本书将为你讲解什么是"身心合一"（Holanthropy），即身心科学。这个词汇源于希腊语中的 holos 和 anthropos，前者的意思是"全部"，后者则泛指"人类"。换言之，身心合一就是研究人类的全部，包括大脑构造及其相关功能，身体构造及其相关功能，以及大脑与身体的关联性。

本部分主要简述本书的章节内容分配，以及本书的主要特点，方便读者了解本书框架的同时，使得阅读体验更加愉悦。

身体潜能 / 大脑潜能

人类身体是一个神奇且复杂的"器官"，具有惊人的能力。身体由数百亿分子构成，且分子之间相互联系，构成不同的复杂结构。这些结构网络如此复杂精妙，以至于即使最先进的科技手段也不能对其进行完美诠释。

此外，每一年，我们的体能极限都在不断扩展。各项体育赛事中几乎无一例外地每年都能诞生新的世界纪录，而医学上也在持续不断地解释人类身体令人惊叹的微观构造和能力。直到如今，体育界的"最强、最快、最高"也仅仅激活了身体潜能中的一小部分。

你的大脑是一个沉睡的巨人。最近几年，我们在心理、教育、生物、神经生理学、体育医学等各个领域的研究进程逐步加快，研究结果表明，我们的大脑拥有几乎无限的潜能，比我们几年前的想象要厉害得太多。甚至连我们常常听到的说法，天才是 1% 的天分加 99% 的汗水，也是不对的，实际上我们对大脑的利用率连 1% 都没有达到，这样的说法可能让人泄气，但反过来想，我们应该高兴，因为这说明大脑还有超过 99% 的空间可利用率！

正如威廉·莎士比亚所言：

> 人类是一件多么了不得的杰作！多么高贵的理性！多么伟大的力量！多么优美的仪表！多么文雅的举动！其行为像天使，其思维像天神！宇宙的精华！万物的灵长！
>
> 《哈姆雷特》，第二幕，场景二

本书的目的在于辅助你挖掘身体和大脑的潜能，最关键的是帮助你认识大脑与身体之间的关系。

如何阅读这本书

本书主要分为三个部分，共九章。关于本书的阅读方法，我的建议是：先大致浏览全书，对目录以及框架结构有一个很好的了解，然后重点阅读你特别感兴趣的部分。阅读完本书后，你可以为自己建立一个目标，最后，全力以赴去实现它！

第一部分　神奇的大脑

本书第一部分将带领你广泛探寻关于大脑的方方面面的最新知识，以及如何最大限度地利用这些知识使自身受益。

第 1 章　神奇的大脑与身体协同

本章为你介绍关于大脑运作的第一条规律——协同效应。当你掌握了这条规律后，你会发现所有的学习任务将会变得更易理解和完成。

协同效应这一规律还能帮助你理解书中其他章节的内容，并让你从中受益。无论是在书中还是在生活中，这条规律具有普遍的适用性。

第 2 章　大脑构造

在第 2 章，本书从历史的角度追溯了大脑的进化史，并讲解了人类大脑的几个重要的发展阶段。从构造上，自下而上地介绍了大脑的不同组成部位，并描述了每个部位的功能特性，并向你展示如何运用这些知识来最大化你的优势。除了"自下而上"地剖析大脑，本章还讲解了前后半脑及其相应的功能。接着，又详细地讲解了我们常常提及的"左右半脑"（准确来说，就是我们拥有的极其复杂的、奥妙的、强大的半脑）：这是目前生物智能在自然进化条件下发展的最高阶段。

第 3 章　大脑细胞

本章将介绍大脑运作的第二条规律——寻求知识，请先回答以下问题：

- 人类大脑细胞究竟是什么样的？
- 大脑细胞有多厉害？
- 大脑中脑细胞的数量是多少？
- 脑细胞之间是如何相互影响的？
- 人类的脑细胞与动物的脑细胞是相同的还是不同的？
- 大脑可以接收多少信息？可能产生多少想法——大脑会被思想"占满"吗？你学到的知识会受到限制吗？
- 大脑中的思想都是真实存在的吗？人类可以控制自己的思想吗？

我希望你会从阅读此书中找到快乐，也能从中受到启发，并为这些问题的答案所惊叹。

第二部分　身心思维技巧

本书第二部分主要是讲解思维过程的本质，尤其是创造性思维与发散性思维。本部分将会向你展示提升创造性思维与强化发散性思维的方法。

第 4 章　元 - 积极思维

在第 4 章中，我会向你介绍一种颠覆性的思维方式：积极思维。通过一系列游戏，我会帮助你认识到哪些思维方式会帮助你学习并获得成功，而又有哪些思维方式会显著增加你失败的概率！在学习的过程中，你会发现你的思维方式是如何逐步影响你的大脑构造。而在某些特殊情况下,思维方式并不仅仅决定事情的成与败,它甚至能决定你的生死。本章还会探讨大脑的另一个运作规律——追求真相及其对元-积极思维的重要性。

第 5 章 创造性思维 & 发散性思维

本章会探讨开发创造性思维的新方法。本章节在开始就设置了与创造性相关的游戏,目的是测试你目前创造性思维的水平等级,接着将个人的测试结果与全球平均值进行对比,经过一系列的创造性游戏,本书将帮助你挑战打破自己的固有思维界限,让你成为一名世界级的创造性思维思考者。

本章还会为你讲解我发明的创造性思维工具——思维导图,由于它的图像展开如瑞士军刀一般,因此可以称作是"为大脑创造性思维而创造的瑞士军刀"。

思维导图可以辅助你不断提升思维技巧,最终使你从中受益,并从创造性思维过渡到更具影响力的发散性思维——发散性思维范式转移①。

本章末尾还介绍了一种极为强大的思维技巧——隐喻法。

第三部分 强健的身体,健全的大脑

本书第三部分主要讲解令人惊叹的成功法则——TEFCAS。该法则会引领你提升自己的思维技巧并增强体质。此外,本部分也会介绍关于提升智力、维持良好的身体状态以及强化身体素质的最新方法。

第 6 章 颠覆性的成功法则——TEFCAS

在求学期间,无论是小学、中学还是大学,

- 老师是否给你讲解过学习的本质,即大脑是如何获取知识的?
- 老师是否给你讲解过学习曲线与学习时间长短、学习次数之间的关系?
- 老师是否给你讲解过失败的含义,是否教过你处理失败的方法?
- 老师是否给你讲解过成功的含义?
- 老师是否与你分享过"学习方法之王"——正确的学习方法?

---

① 所谓"范式转移",是指一个领域里出现新的学术成果,打破了原有的假设或法则,从而迫使人们对本学科的很多基本理论做出根本性的修正。——译者注

第 6 章将会为你解答以上问题，并且引导你不断走向成功。此外，与之相关的大脑运作规律——坚持不懈也将在本章揭晓。

第 7 章　开发并充分利用你的身体

第 7 章全面揭示了我们身体的奥秘，并解答大脑与身体之间存在的关系。此外，本章还会从以下几个方面为大家讲解如何更好地锻炼身体：

- 体形身姿
- 有氧运动
- 柔韧度
- 肌肉力量

阅读完本章之后，你就会明白什么才是真正的身体健康，并学会如何使自己的身体（与精神）达到最佳的健康状态。

第 8 章　大脑和身体所需营养

第 8 章主要介绍了营养对大脑的重要性。本章内容指引你如何合理规划饮食，从而保证为大脑与身体提供充足的营养。

第 9 章　减压、治疗及其他

本章将为你解答以下问题：

- 如何处理不断积累的压力？如何让自己学会放松？
- 通过睡眠和休息来放松自我有多重要？

以及最重要的：

- 精神状态对身体健康会产生什么影响？

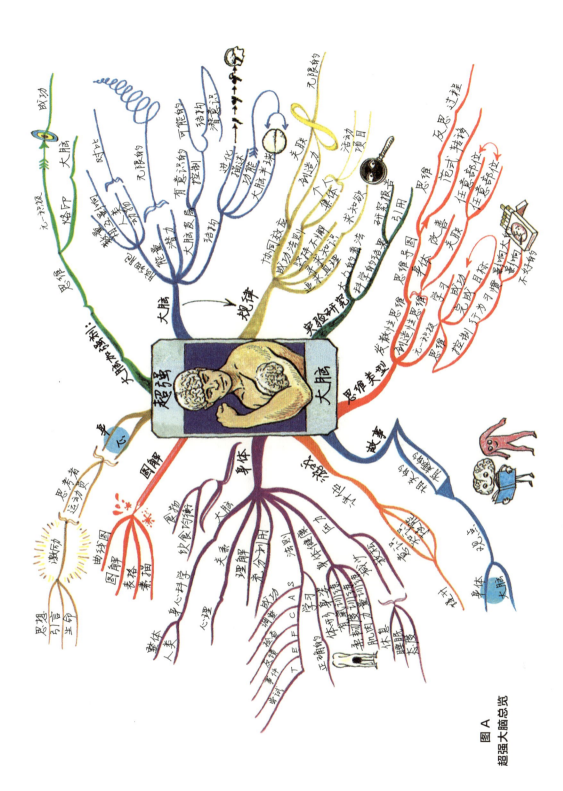

图A
超强大脑总览

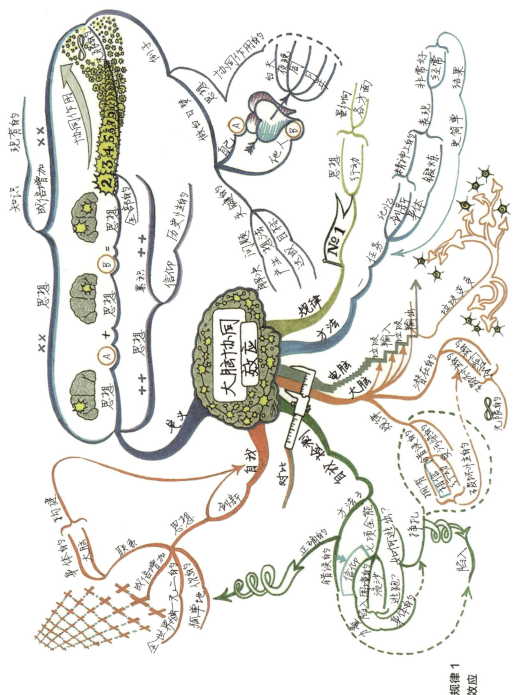

图 B
大脑的运作规律 1
——协同效应

人类总是倾向于把事情复杂化。我们创造出复杂的游戏，由这些游戏再延伸出令人费解的复杂结构，最后事情非但没有明朗，反而更加错综复杂。这复杂结构仅使一件事情变得愈发清晰，那就是大脑具有将事物概念化的冲动和能力。的确，这也是大脑的本质，从这一点上来讲，大脑并非太难理解，而是太过简单了。

爱德华·德博诺
创造性思考界领军人物，"水平思考""六顶思考帽"概念创造者

目录 HEAD STRONG

第一部分　神奇的大脑

第 1 章　神奇的大脑与身体协同 // 003

第 2 章　大脑构造 // 013

第 3 章　大脑细胞 // 031

第二部分　身心思维技巧

第 4 章　元 – 积极思维 // 057

第 5 章　创造性思维 & 发散性思维 // 091

第三部分　**强健的身体，健全的大脑**

第 6 章　颠覆性的成功法则——TEFCAS // 119

第 7 章　开发并充分利用你的身体 // 147

第 8 章　大脑和身体所需营养 // 199

第 9 章　减压、治疗及其他 // 221

总　结 // 241

附　录　国际思维节 // 245

HEAD
STRONG

第一部分

神奇的大脑

　　有人认为大脑会永远是个秘密，也有一部分人坚信某一天大脑的神秘面纱终将彻底被揭开，那么揭开了又如何呢，我们是否能够实际应用这些知识解决人类的诸多问题？

　　本书第一部分将从大脑以及脑细胞的认知史、生理构造、本质特征以及运作方式等方面，深度剖析与大脑相关的知识，这不仅能让你对大脑具备一定的宏观了解，更是为你打开了一扇通往大脑微观世界的探险之门。在这次难忘的探险之旅中，你还会收获不小的惊喜——本部分将为你揭示大脑运作的两条重要规律 协同效应以及寻求知识。了解大脑的机制并掌握其运作规律非常重要，想要拥有超强大脑，必须从大脑运作规律这一步做起，只有懂得这些规律，才能在该规律的指导下循序渐进地取得成功。

chapter one

第 1 章

神奇的大脑与身体协同

本章主要为大家呈现大脑五条运作规律中的第一条——协同效应。协同效应让你认识到蕴藏在大脑中的无限思考能力，挖掘能促使你不断进步和获得成功的潜能。在本章中，我会指导你如何跳出思维误区，并解释为什么有时候强者也会遭遇失败。

引言

> 好或坏，并无绝对，无非是思想在作怪。
>
> 《哈姆雷特》，第二幕，场景二

脑力认知是大脑对于知识的处理与运用过程。与识字能力和计算能力不同，脑力认知指的是能够同时掌握大脑两大基础知识的能力。第一项"基础知识"首先指的是生理上的大脑：可以分为上下半脑、前后半脑、左右半脑（这一点在第2章会做详细讲解）；除此之外，它还包括你对大脑细胞及其功能的认识。

第二项"基础知识"代表大脑的行为能力，尤其是学习、思维、创新过程、记忆、态度（积极/消极的元思考）和大脑运作规律。

我们可以把大脑的运作方式类比成如何开车：如果你知道怎么开车，就有可能把车开好；如果你不擅长开车，就开不了远路。你对开车的相关知识越是了解，就越擅长开车。开车的原理与大脑运作的原理一致。

甚至当你觉得大脑的"硬件设施"并不"过硬"的时候，你也不要沮丧！为什么呢？我们都知道即使一级方程式赛车手开的是又破又旧的车，他仍有可能打败开着方程式赛车却没有受过一定程度训练的普通车手。在此，我要告知你一个好消息：通读全书，你会发现自己能够拥有一个像一级方程式赛车手一样的大脑！除此以外，阅读本书也会帮助你学会如何像冠军车手一样运用自己的大脑。

想要拥有超强大脑，从协同效应——大脑运作规律的第一步做起，这极其重要。因为这一规律影响你所做的一切，这么说一点也不夸张。如果你对此规律不了解，那么你极有可能接连遭受挫折，且深陷其中一蹶不振。相反，如果你懂得该规律，你将会在该规律的指导下接二连三地取得成功。

大脑的运作规律 1——协同效应

几千年以来，人类一直认为大脑的思维过程是基于一种数学层面上的简单的、累积式的叠加原则，即每次你往大脑中添加一条新的数据或想法，它都会如电脑般相应地存储这些新的信息。

然而，20世纪50年代以来，我们发现大脑的运作方式并非如此机械化。事实上，大脑的运行会表现出协同效应。在一个典型的协同系统中，系统整体是要大于所有组成部分之和的。换言之，1+1大于2。这个"大"还有可能是无限大。

罗杰·斯佩里（Roger Sperry）在对大脑左右两半球的研究过程中首次发现了大脑拥有协同效应的某些证据，这一研究也使他获得了诺贝尔奖。该研究成果指出，大脑系统是一个成倍增加而非简单增加的机制（见第2章）。

那么这一切是如何实现的呢？

可以用一个简单的日常生活中的例子来解释这一原理：白日梦。当你在做白日梦的时候（每个人都会做梦，每天都做！），你的大脑并不是一条条地添加信息，而是在成倍地添加信息，这就是协同效应。

例如，你把自己当作"1"，其他人是另一个"1"，大脑就在这两个"1"的基础上成倍地添加想法。在白日梦里，你可以和他（另一个"1"）一起度过一天、一周、一月甚至一年，有些人甚至在梦里过了一辈子！当然，这取决于你选择的另外一个他（另一个"1"）。在梦里，你可以利用无限多的道具，在想象力这个无穷的舞台上去创造最耸人听闻、令人毛骨悚然的恐怖故事和悲剧作品，也可以创造最精彩也最鼓舞人心的喜剧、爱情故事、童话和英雄史诗。

综合诸如罗杰·斯佩里的研究、做白日梦的例子以及其他各方面的线索（你将会在本书中发现很多相关线索），我们可以自信地得出结论：从理论上讲，你的大脑生成想法的潜能是无限的。

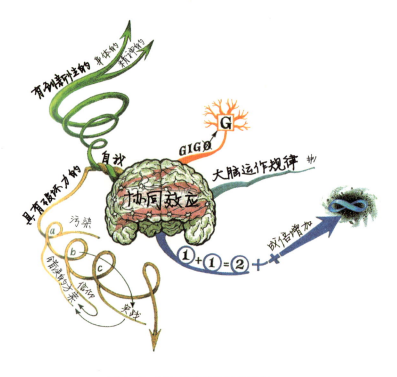

图 1-1 对协同效应的简单思考

你是你自己的"建筑师"

这一结论意义重大且影响深远,它将会永久性地改变你的思考模式——思考关于思考本身,思考你自己,同时也思考他人。也就是说,你的大脑具有自主创建信息的能力。它所创建的每一条信息对于你而言都是独一无二的,每一条新信息此前都从未出现过,今后也不会再次出现,它会和其他的想法与信息产生关联并形成信息网络,如此一来,大脑中的信息网会不断扩大,它无时无刻不在发生变化。该信息网仅存于你的大脑中,并且不断进行着更新。你所创建的信息会成倍地融入到由你不断增加的记忆、幻想、态度以及梦想形成的信息网中。因此,你是完全独一无二的!

更让人兴奋的是:当你认识到自己所创建的积极信息越来越多,多到如同宇宙星河一般的时候，你会发现，你同时也在强化自身与大脑之间的新的物理联系。你真的是在创建一个超强的生物计算机式大脑，让它变得更复杂、更精密、更强大也更有效。

换言之，阅读本书后，你会发现，你的大脑每一天都会与前一天有所不同，当然，与明天的也不一样。

你就是自己大脑的"建筑师"和"工程师"，设计出能储存浩瀚如宇宙般信息量的大脑。

学习的秘诀

为了进一步促进大脑的协同效应，本书在此会引入一个新的概念，它会帮你纠正过去的许多错误认知，例如大脑与身体及其老化与认知过程。

大脑越妥善地运行"X"，"X"就越强大

这一标题是什么意思？打个比方，如果"X"代表记忆力，那么，你越善于恰当地运用它，你的记忆能力也就越强，记忆这件事对于你而言会更容易；如果"X"代表创造力，那么，你越恰当地训练自己的创造力，创造的东西就会越多，你对于创造性思维的运用就会变得更得心应手；如果"X"代表身体，那么不断锻炼身体，你的身体机能也会越好。当然，这条规律也同样适用于学习，以及所有对身心技巧的培养。

大脑的协同效应表明，我们的某些普遍认知是危险且错误的。例如，随着年龄的增长，创造力会衰退，一些身心技巧会相应地下降。

而到目前为止，协同效应能很好地消除这些错误认知。接下来，我们来分析一则来自人工智能领域的俗语：GIGO。

GIGO 的全称是"Garbage In，Garbage Out"，意思是：错误的输入，造成错误的输出。

多年来，我们一直认为大脑对错误信息的处理模式就是如此。现在，我们（还有你们）知道其实不然。就人类大脑而言，处理错误信息的方式必然是：

GIGG——Garbage In, Garbage Grows（错误的输入，成倍的错误输出）。

那么这些垃圾数据最终能变成多少呢？答案是无限多！你的大脑有可能生成无数的垃圾数据！

确认了这一新结论，我们再一次审视这一理念：具有协同效应的大脑拥有自创信息的功能，并且清醒地认识到需要遵循 GIGG 原则。当垃圾信息或污染物入侵到极其微妙且复杂的大脑系统的时候，我们的大脑很可能会被协同破坏。

那么，这种破坏能扩大到什么程度呢？答案是无限度！你只要想想自杀、谋杀、战争等造成的恶劣后果就会明白其危害性有多大。

不过凡事都有两面性。大脑既有无限多的创造性，也有强大的毁灭性。这一事实为几个世纪以来的争论带来启示，也为揭露人类的本性提供了线索——人类的特点究竟是具有攻击性、破坏性、好战还是更倾向和平共处、团结合作且充满灵性。

从根本上而言，如果人类具有攻击性和好战的特点，并且在毁灭性上无底线，那么我们也许根本存活不到现在。

然而，人类却存活至今。因此，人类的思想一定是在根本上发生了转变，向更开明的方向发展。

其实，坏消息中也有更多好消息！人类大脑显然不是为自我毁灭而诞生的，否则《人类的起源》（*homo sapiens*，Chip Proser 执导的法国纪录片）在第一对远古智人诞生时就结束了！

值得庆幸的是，大脑只会在某一种情况下自我破坏，而这种情况要同时满足三个条件才能成立。大脑之所以会被破坏，首先要有错误方案侵入；另外，仅有错误入侵还不行，我们的大脑还必须坚信这一错误方案；最后，大脑还要依照错误方案行动，或是执行该错误方案。

> 心灵是自己做主的地方，它能把地狱变成天堂，也能把天堂变成地狱。
>
> 约翰·弥尔顿（John Milton），《失乐园》（*Paradise Lost*），第 1 卷

大脑快速测试——采用正确的方案

阅读以下短文，你觉得短文中的主人公结局会是怎样的？

一位体格极其强壮、身体健康、动作敏捷的女子七项全能选手发现自己陷入了流沙。由于该选手过去总是习惯利用自己的身体优势、超强的力量来克服困难，因此她被惯性思维误导了，她决定采用"通过使劲挣扎来逃脱困境"这一错误的方案。

这一方案在以前无往而不利，她坚信这一次也一样能够帮助自己摆脱困境。因此，她开始将其付诸行动。

那么，结果会是怎样呢？

结果是，她以更快的速度沉入流沙中！

这是颇具讽刺意味的：她的身体越强壮、越健康，她下沉的速度就越快。为什么会这样呢？因为，她把自己所有的优势资源和力量用到了与目标完全相反的地方，这个做法很不明智。

她采用了错误的方案。

• • •

正如该运动员的处境一样，你的一切所想所为也遵循同样的道理。

如果你的大脑与身体思维遵循正确的方案运作，那么，你最终会进入积极思维的轨道，训练出兼具自我创造力与协同效应的大脑。

反之，如果你采用了错误的方案，那么便会陷入负面思维的旋涡，甚至进入难以自控的境地，走上自我毁灭的道路。

在教育界、运动界、商界以及政界，我们都有可能会遇到前文那位七项全能选手所遇到的状况，并采用看似正确的方案来处理问题。越来越多的经验表明：事实并非按照我们预料的模式发展。例如，我们迫使孩子记忆，反而使他们渐渐遗忘；我们教他们如何思考，却反而减少了他们思考的机会；我们对他们的创新能力所做出的反应，反而使他们的创造力下降；我们强迫他们进行体能训练，却导致他们生病、受伤或者变得懒惰；我们努力引导他们培养健康、积极的态度，结果他们却形成了不健康并且消极的态度。

不过，请放心，本书将会成为你培养身心发展的绝佳向导，展示培养积极思维而非消极思维的正确方法。这些正确的方法有助于你发展自身创造力，强健身心，并提升全方面素质，让你获得成功的同时，最终在身体、思想和精神等方面实现全面发展。

此次探索以揭露大脑主体一些惊人的发现为起点，这些发现是你进行学习、思考、创新以及身体自我①开发等行为所需的必要条件。

大脑"增强剂"

（1）我的大脑所具有的协同效应思维，使我有能力去创建无限的想法以及无限的联系。

（2）我正在为大脑创建具有积极协同效应的思维结构。

（3）我的积极协同效应思维正在发挥越来越强烈的作用。

（4）在有效的协同效应思维的帮助下，我正在经历积极的转变，我的身体素质、精神力以及大脑能力得到了飞速提升。

---

① 身体自我（physical self）是"整体自我"的一部分，涉及个体对自己的外貌、性格及身体能力等的意识与看法。——编者注

chapter two

第2章

大脑构造

本章节将引导你了解大脑知识方面的发展历史，接着为你讲述"上下半脑"和"左右半脑"两方面的最新研究，这些内容将会对你的思维技巧的提升起到极大帮助。本章在结尾部分通过将目前世界上具有最强大计算能力的电脑与人脑进行对比，为你揭露一些令人惊叹的事实。另外，还会在这些新知识的基础上指引你如何提升自己。

引言

> 大脑调节着我们身体的所有机能，大脑控制着我们最基本的行为——吃饭、睡觉与保暖，同时，大脑也负责我们最精妙复杂的行为——文化、音乐、艺术、科学和语言的开发。我们的期望、思想、情感和性格都存于大脑中——大脑的某个地方。几个世纪以来，上千名科学家都对大脑进行了探索研究，能形容大脑特点的只有一个词：神奇。
>
> 奥恩斯坦（R. Ornstein）教授，
> 《意识心理学》（The Psychology of Consciousness）作者

最近的一些研究表明，在大部分国家，50%~70% 的人已经对大脑分为上下半脑、左右半脑之分有些许了解。然而，这些研究报告也表明，只有 10%~20% 的人对大脑半脑结构方面的知识有基本认识，且这些认识比较含糊。同时，只有不到 1% 的人已经采取实际行动来利用大脑提升心智技巧、行为能力或者生活质量。这是因为大脑的信息对于大家而言还是比较陌生的。

正如莎士比亚所言："问题就出在这里。"意识到问题的存在相当容易，了解问题的所指也并非难事。然而，要从了解问题顺利过渡到实际解决问题则具有一定的难度，因为如果要跨越这一大步，你需要对自己的生活和行为做出改变，向积极方面发展。从简单认知跨越到采取行动，的确需要迈出一大步，本章的内容将帮助你迈出这一步。

大脑快速测试——脑力商数！

接下来你需要做一个快速测试，这个测试可以检测出你现阶段对大脑中重要领域及其功能的了解。在你阅读本章的过程中，测试的正确答案会逐渐显现。（如果你想立刻知道测试结果的话，请翻看本章末的答案！）

（1）你所拥有的更高级的思维能力由下半脑控制。　　　　　　　　　　　是 / 否
（2）脑干控制大脑高级思维体系。　　　　　　　　　　　　　　　　　　是 / 否
（3）就进化论而言，大脑的前部最先开始进化。　　　　　　　　　　　　是 / 否
（4）"小脑"是"大脑皮质"的另一个代名词。　　　　　　　　　　　　　是 / 否
（5）下半脑通常被比作"爬行动物脑"。　　　　　　　　　　　　　　　　是 / 否
（6）大脑边缘系统的作用是维持和调整姿势，并且协调四肢的肌肉运动。　是 / 否
（7）通常情况下，大脑皮质所指的部位就是"左 / 右半脑"。　　　　　　是 / 否
（8）右侧大脑皮质负责创新。　　　　　　　　　　　　　　　　　　　　是 / 否
（9）左侧大脑皮质负责学术 / 智力开发。　　　　　　　　　　　　　　　是 / 否
（10）你的大脑能力已被固定，这使你无法改变其能力。　　　　　　　　是 / 否
（11）就基本潜能而言，世界上最好的电脑目前比人脑更占优势。　　　　是 / 否

大脑在进化，认识在进步

正如我们所知，大脑在大约 5 亿年前就开始进化，然而，我们对大脑的认知史比其进化史要短得太多。至少在 2500 年前，人类几乎不了解任何关于大脑及其内部运作的原理。在古希腊之前，大脑甚至不被当作身体的一部分，而被认为是空灵之物、气体或者是脱离肉体的灵魂。

然而，令人惊讶的是，古希腊人对大脑的认识也没有引领我们走多远，甚至其中最出名的哲学思想家、现代科学的奠基人——亚里士多德，在对大脑做过大量研究之后，得出的结论是：人类感知和记忆的中心位于心脏！

或许亚里士多德的这个说法并不意外。假设你就是伟大的希腊思想家，在

没有现代科学知识以及先进仪器（电子显微镜、大脑扫描仪以及脑电波测试仪等）辅助的情况下，有人让你解释你的意识、情绪、感受、生命力以及能量的中心在身体的哪个部位，你能合乎逻辑地给出解释吗？显然，你会回答身体中心的部位，因为当你情感爆发或者进行运动的时候，你身体的中心——心脏是最活跃的地方，它会通过持续"跳动"维持着生命的延续。如果有武器刺穿这个地方，你几乎必死无疑。然而，若有武器刺中头部，你却不一定会死。

从古希腊时期到文艺复兴初期，即14世纪后期，与大脑知识相关的研究几乎没有一点进步。直至文艺复兴时期——一个人类智力文明觉醒的伟大时期，大家终于意识到思想和意识的中心在头部。但是，大脑依旧是一个谜。

直到20世纪，关于大脑方面的研究才真正取得巨大的进步。至今，许多人依旧认为我们对大脑取得突破性成果的研究是在20世纪上半叶。其实并不然，在20世纪30年代和40年代的时候，我们仍坚信大脑是一台简单的机器，操作起来就像人类第一台计算机一样。这种计算机能存储一些基本信息，并将这些信息存储在恰当的文件处。这就是当时我们对大脑的全部认知。直到20世纪50年代末，与大脑相关的知识才普遍出现在心理学研究和教科书中。

实际上，我们对大脑的认识是到近几年才算有了真正的突破。这对大脑认知的发展和进步具有重要意义，因为这些知识已经改变了心理学、教育和商界领域的根基，并且在强调一个大家一直都了解却至今也无法"证实"的事实——大脑的能力远超我们的想象。

不少与大脑相关的新发现意义相当重大。其中一个最重要的发现就是：大脑本身已经开始意识到自己的存在。现在，我们来分析以下现象：

> 根据哈勃望远镜最新取得的研究数据发现，宇宙大约有130亿年的历史，地球有50亿年的历史，惊人的是，生命有长达45亿年的历史，首批大脑基本形成是在5亿年前。首批人类（智人）出现不过是在300万年前。现代人类大脑（即本书中所指的大脑）的进化史大约是5万年。就全球范围而言，文明最长有1万年的历史。而我们确定大脑为头部的主体仅在500年前。令人惊叹的是，我们仅在过去的

10 年就探究出了大脑内部运作原理的 95%！

以上现象表明，人类正处于进化的转折点，而就在此时，我们突然发现大脑了不起的一面，并且开始意识到这个位于我们双耳之间的"生物计算机"比我们之前想象得还要强大！

宇宙	13000000000
地球	5000000000
生命	4500000000
首批大脑基本形成	500000000
人类起源（智人）	3000000
现代大脑	50000
文明	10000
大脑的位置	500
95% 大脑内部运作原理	10
未来	?
	？？
	？？？

除了这些和智力发展相关的令人惊奇且具有突破性的信息，大脑还有三个区域值得我们特别关注："上下半脑"、"前后半脑"和"左右半脑"。

上下半脑，前后半脑

或许你已经听说过有关上下半脑内部关系的一些奇异神秘的故事。在这一节中，我将为你讲解上下半脑真正指代哪些部位，以及它们之间的关系。

大脑的进化史有 5 亿年。巧的是，大脑是从下至上，从后至前两个方向同时在进化（见图 2-1）。具体来说，大脑是按照以下顺序进化的：第一，脑干；第二，小脑，即后脑；第三，靠前一点的边缘系统，包括丘脑和基底神经节——

统称为中脑;最后进化的是大脑其余的部位,位置相当靠前,同时它也是最伟大的进化杰作:大脑,或者更确切地说是大脑皮质。

接下来,我们通过聚焦以上所提及部位的进化史以及主要功能来详细解读这些部位。在解读的过程中,你会惊讶于大脑的实际复杂程度。

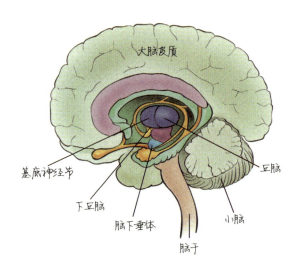

图 2-1 大脑

▍脑干

进化时间: 5亿年前。

常用指代词: 爬行动物脑或称之为原始的大脑。

所在位置: 大脑的最下部,一直向下延伸到脊髓。

功能: 支持基本生命活动;控制呼吸和心率;应对普通的外界刺激;对感知到的重要信息做出反应,向大脑发出警报;控制体温,控制消化过程;从小脑处为大脑传输信息。

有趣的事实: 近来研究表明,脑干可能拥有比我们之前想象得要更高的"智商"。

大型爬行类动物的大脑基本由脑干组成,例如鳄鱼,尤其是短吻鳄。近来科学家对这类动物进行了研究,研究范围包括它们的群体行为、家庭和小组关系以及情感。研究结果表明，它们在这些领域已经达到高度进化的模式水平。

▎小脑

进化时间：	大约4亿年前。
常用指代词：	小脑或后脑。
所在位置：	依附脑干后部——部分从属于下脑。
功能：	控制身体各部位，使身体保持协调与平衡；监视身体各部位的行动；储存较简单的关于习得反应的记忆；通过脑干给大脑传送各种信息。
有趣的事实：	在过去的100万年间，人脑中的小脑已经变大了3倍。

▎边缘系统

进化时间：	3亿年前~2亿年前。
常用指代词：	哺乳动物大脑或中脑。
所在位置：	脑干与大脑皮质之间。
功能：	维持血压、心率、体温和血糖的正常水平；掌管海马体中的定位技能；对学习、短期和长期记忆、储存生活经历起到关键性作用；维持体内稳定（不变的）环境；涉及生存本能，包括生理欲望以及自我保护本能。
有趣的事实：	（1）科学家罗伯特·奥恩斯坦说："记住边缘系统功能的一个简单方法就是用4个词语来记忆：进食、战斗、逃离以及繁殖。" （2）边缘系统包含下丘脑，它被认为是"哺乳动物大脑"最重要的组成部分，以脑中之"脑"而闻名。尽管它的体积小（占方糖大小的一半），仅有4克的重量，但却管理着激素的变化、生理欲望、情绪变化、饮食变化、体温、化学平衡、睡眠。同时，它也管理着松果体与脑下垂体。

（3）海马体就外形上看，极像动物界的小型海马，它在学习和记忆中起到重要的作用。

中脑还包括另外两个重要区域：丘脑和基底神经节。丘脑使得外部信息的初级归类抵达大脑，并通过下丘脑传送信息到大脑皮质。下丘脑可以让你的大脑决定哪些信息值得关注，哪些不需要关注。例如，下丘脑可以帮助你判断：你需要什么时候注意房间会变得更暖，或者你什么时候会感到饥饿。

基底神经节位于边缘系统的两边（类似于小脑），它主要掌控我们的行为，尤其是初始行为。在过去几百万年间，人类大脑各部分间联系形成的网状系统已经发展得越来越具规模。

左右半脑

大脑皮质

进化时间： 大约 2 亿年前。

常用指代词： 左右半脑。

所在位置： 像一顶巨大的"思考帽"盖在整个大脑上，延伸到你的整个前额。

功能： 组织能力、记忆力、理解能力、交流能力、创造力、决策力、演讲能力以及音乐天赋。更具体的功能还包括其他所有受"左右半脑"以及"大脑皮质"控制的能力，这点将在之后详细讲解。

有趣的事实： （1）目前，大脑皮质是大脑中体积最大的部分。

（2）你的大脑表面覆盖着仅有八分之一英寸[①]厚、呈褶皱状、由神经细胞构成且令人惊叹的薄层组织，这就是著名的大脑皮质。这是我们人类大脑所特有的，也是人类区别

---

① 1英寸 ≈ 2.54 厘米。——编者注

于其他生物的特征。

（3）左、右两个大脑半球被胼胝体——一个极其复杂精妙的神经元网状结构所连接，3亿个神经元在两个大脑半球之间来回传送信息。

在二十世纪五六十年代，因对大脑研究做出突出贡献而获得诺贝尔奖的罗杰·斯佩里教授联手罗伯特·奥恩斯坦一起，对大脑皮质做了一些惊人的实验。在测试学生脑波的时候，他们要求学生执行不同的脑力活动，例如幻想（做白日梦）、计算、阅读、画画、演讲、写作、涂色和听音乐。

实验结果出乎意料。总体而言，大脑皮质把学生执行的任务主要归为两大区域——左右半脑（见图2-2）。右半脑的分工包括节奏韵律、空间意识、维度、想象力、白日梦、色彩和整体意识（格式塔）；左半脑的分工包括词汇、逻辑、数字、顺序、线性思考、分析和列表。

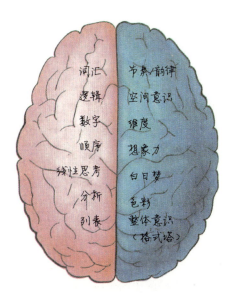

图2-2 左右半脑的任务

进一步的研究结果表明，如果有人刻意使用某半边大脑，而排斥另半边大脑的使用，那么这些由经常使用的半脑来控制的活动会逐渐成为他们的主要兴趣爱好，并且倾向于用相应的术语来描述自己。

描述左半脑的词汇有"学术水平""智力""商业"等术语，而右半脑的术语包含"艺术""创新能力"和"直觉"等。当然，上述列举的术语不过是其中的一小部分。

奥恩斯坦教授和其他研究者对大脑进行了深入研究后发现，对于任何个体而言，你所擅长和不擅长的一切都归于大脑皮质控制的活动，它更像是一种习惯性功能，而不是大脑的本质属性（详情见第 4 章）。当我们对某一领域不太擅长的时候，我们就会找专家针对自己的弱点进行训练，进而在这个领域不断取得进步，让缺点转变成优点。在训练的同时，我们其他领域的技能也会得到加强。例如，如果有人的绘画水平不高，那么他让专家教他绘画的同时，他在其他方面的水平也会得到整体提升，尤其是几何学，因为洞察力和想象力对于几何学来说显得尤为重要。

另一个例子就是利用右脑做白日梦的能力，这一技能对大脑的保护具有重要的作用。例如，大脑某些部位平时需要做很多分析性的、重复性的工作，适当地做白日梦可以帮助缓解疲劳，还能锻炼你的联想力和想象力，为你提供进行集成和创新所必要的契机。大部分伟大的天才甚至能够直接通过做白日梦来解决问题、产生灵感和完成目标。

我在创造力、记忆力和思维导图领域方面的研究也得出了相似的结论：通过把大脑两个半球的能力相结合，大脑所呈现出的整体性能将令人震撼。

然而令人遗憾的是，在整个 20 世纪，世界范围内的教育体系更青睐涉及数学、语言和科学的左半脑，而不是涉及艺术、音乐和思维技能，尤其是创新性思维的右半脑。这种只专注使用一半大脑的结果是：我们有可能真的只发挥了一半的智慧。

尤其是当你现在了解了大脑的协同效应，发现大脑可以成倍地增加信息后，你会觉得我们对大脑的认知和利用情况其实更糟糕。

大脑皮质在大脑左右半球之间来回传递信息，形成了一种协同效应，使信息成倍增长。假设大脑不具有这种成倍增长信息的能力，那么用"笨"来形容都还不够，那简直是笨到了极点！

一直以来，对天才大脑的研究成果表明，天才都善于使用左右半脑，而前文的结论使得我们能够进一步理解这些成果。另外，本书也鼓励你使用"上下半脑"和"前后半脑"来开发属于你自己的潜能。

大脑 VS 电脑

那么，与现在最新的超级计算机（电脑）相比，你的这台"超级生物计算机"（大脑）到底有多强大？

根据你所学过的所有关于大脑和电脑的知识，试着做一做以下的脑游戏：

如果 2500 年时世界上最强大的电脑的体积相当于一座两层楼的房屋，那么你大脑的潜能相当于哪种规模的房子（见图 2-3）？

（1）迷你玩具屋？
（2）洋娃娃的玩具屋？
（3）普通商品房？
（4）公寓？
（5）普通的两层楼房屋？
（6）大厦？
（7）宫殿？
（8）100 层的摩天大楼？
（9）比以上所提及的房屋规模都大？

图 2-3 不同规模的房屋

如果想找到答案，请阅读本书第 3 章关于你的超级生物计算机芯片——大脑细胞的内容。

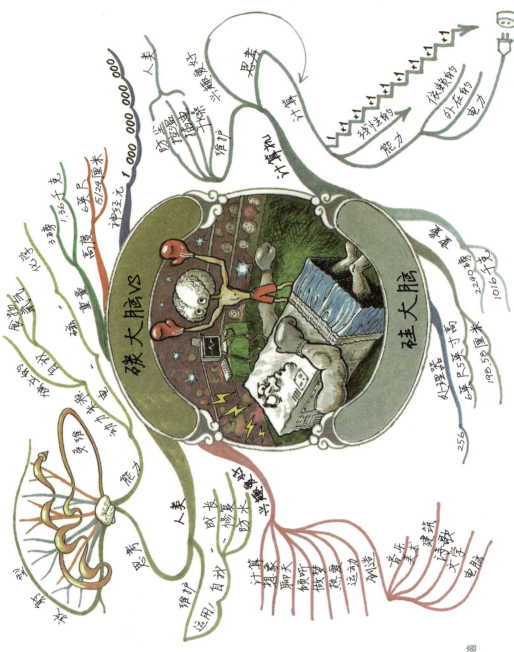

图 2-4
碳大脑 VS 硅大脑

大脑训练

（1）进化的大脑

关于大脑进化和大脑知识在人类历史中的重要性，为了给自己一个更满意的答案，请你翻回第17页，接着倒金字塔的内容往下，花5~10分钟记录你对未来10、500、10000、50000和3000000年的预测，同之前相反，这是以正金字塔的形式预测到的未来。和朋友们一起玩这个游戏会是一次不错的脑力训练，你们最后可能会花一整晚的时间来讨论大脑这个有趣的话题。

（2）使用左右脑

鼓励自己像那些伟大的天才一样使用左右脑，回顾一下神奇的大脑皮质所拥有的这个不同技能，并确认自己哪些地方比较强，哪些地方较薄弱，然后用占优势的技能去弥补劣势技能。在本书后续的章节中，你将学到更多的技巧来做到这一点。

（3）使用你的上半脑控制你的下半脑

现在，开始使用你的上半脑控制你的下半脑。最简单的例子就是：当你极其生气的时候，通过"从一到十数数"的方法使自己镇定下来。

无论什么时候，当你一旦发现自己情绪失控的时候，立刻使用大脑皮质来控制自己，深呼吸10次……在此过程中，你会逐渐变得清醒，并开始控制自己的脾气，让自己不受情绪所控。

（4）学会爱上电脑

许多人看到电脑都会自叹不如，虽然完全没有必要，但这种心理依然是可以理解的。其实大脑的智慧远远超过任何一台电脑，你可以轻而易举地操控它们。千万不要把电脑当作敌人，当你发现电脑的智慧远不如你且你能做到让它们甘愿为你服务时，电脑就更像是能帮到你的友善的朋友。

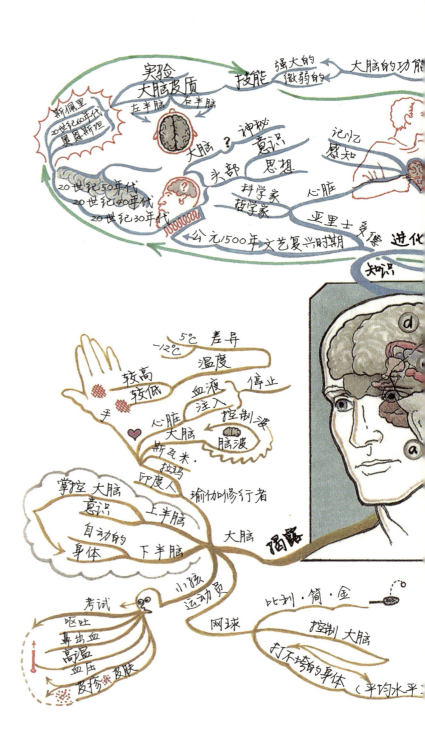

图2-5
大脑的结构

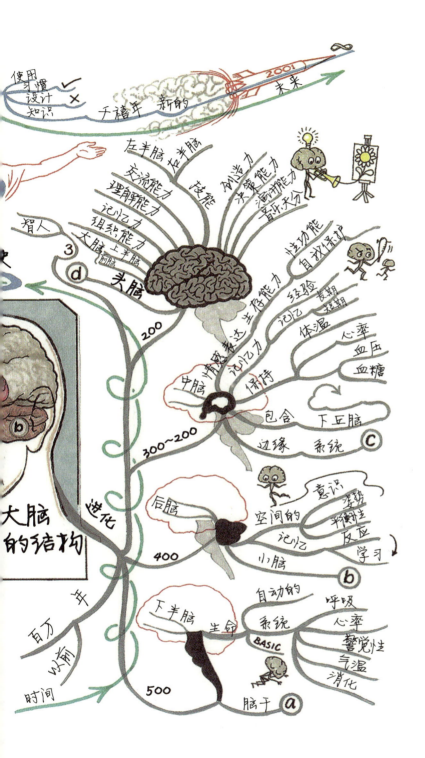

大脑"增强剂"

（1）大脑是一件了不起的杰作！随着对它的了解不断深入，我会越用越上手。

（2）在情绪失控的情况下，我会鼓励自己的上下半脑协调工作、全力配合，发挥出最大优势。

（3）我正在开发大脑协同效应的潜能，提升自己使用左半脑和右半脑的能力。

（4）我越来越钦佩我的大脑，其精密结构让人难以置信，其蕴藏的精神力量令人惊奇。

大脑快速测试答案

（1）否

（2）否

（3）否

（4）否

（5）是

（6）是

（7）是

（8）是和否！（创新只是描述右半脑众多功能的术语之一）

（9）是和否！（学术/智力开发只是描述左半脑众多功能的术语之一）

（10）否

（11）否

chapter three

第 3 章

大脑细胞

在本章中,你将对神奇的超级生物计算机芯片——大脑细胞的世界展开一次探险之旅。我们将从大脑细胞的认知史以及它的生理构造、本质特征与运作方式等方面深度剖析与大脑相关的知识,这不仅能让你见识到大脑的超强本领,还让你抓住了思维的源头,告诉你如何通过训练脑细胞激发思想更多的可能性。

引言

> 你生来就是个天才。
>
> 东尼·博赞

阅读了上一章内容后，你现在对自己的上下半脑和左右半脑应该有了宏观的清晰认识，或者说了解了"大致情况"。接下来，你可以对大脑的微观世界进行一次难忘的探险。在此次探险中，我将向你介绍与神奇的超级生物计算机芯片——大脑细胞相关的历史知识。

此外，我也将为你解读大脑细胞超乎寻常的能力，包括其本质、结构、数量、代谢情况、独立运作方式以及与其他脑细胞间协作运行的方式，包括相关思想的产生。

在本章末，除了能了解到昆虫、动物和人类之间脑细胞的不同构造外，你还会有另外两大诱人的发现：一是关于你的思维，另一个是关于你迸发新想法的可能性。

大脑快速测试——对大脑细胞的认知

接下来的快速测试检测你对大脑细胞的认知水平，测试答案将在继续阅读本章的过程中一一揭晓。（如果你想立刻知道测试结果，请翻看本章末的答案！）

（1）人类的脑细胞数量是：

- 100000？
- 1000000？
- 10000000？
- 100000000？
- 1000000000？
- 1000000000000？

（2）蜜蜂这类昆虫拥有上百万个脑细胞。　　　　　　　　　　是 / 否

（3）人类大脑的脑细胞比地球上的人口数量还要多。　　　　是 / 否

（4）我们现在能给脑细胞拍静态的照片，但是要给动态的脑细胞录像，目前为止还做不到。　　　　　　　　　　　　　　　　　　是 / 否

（5）历史上的大多数天才诸如列奥纳多·迪·达·芬奇、艾萨克·牛顿、玛丽·居里、阿尔伯特·爱因斯坦，可能已经发挥出了自己的最大个人潜能。　　　　　　　　　　　　　　　　　　是 / 否

（6）脑细胞每日死亡的平均量在 10000~1000000。　　　　　是 / 否

（7）一项标准测试表明，每喝一口酒，你就会损失 1000~100000 个脑细胞。　　　　　　　　　　　　　　　　　　　　　　　是 / 否

（8）随着年纪的增长，人类大脑中的脑细胞之间可以产生新的联系，但是不能产生全新的细胞。　　　　　　　　　　　　　　　是 / 否

（9）大脑思维模式的数量可能等同于以下物体中所含多少原子的数量：

- 一个分子？
- 一座教堂？
- 一座山峰？
- 月亮？
- 地球？
- 包含太阳的太阳系？
- 银河系和其包含的 10000000000000 个星体？
- 以上都不是？

（10）反复思考可能会增加 ＿＿＿＿＿＿ 的可能性。

（11）如果说你现在阅读这本书是"真实"，那么从这个意义上来说，

思想并不是"真实"。　　　　　　　　　　　　　　　　　　是 / 否

（12）记录下你认为蜜蜂可以做的所有不同的事情。

现在，请继续阅读本章内容并找出答案吧。

大脑细胞认知史

几个世纪以来，大脑一直被认为是一个重 3.5 磅[①]，没有结构、没有特点的灰质。随着显微镜技术的日趋成熟，大脑之谜开始被逐渐揭开。我们发现，大脑褶皱状的外层远比我们之前猜测的还要复杂得多，大脑由成千上万条错综复杂又细小的血河组成，这些血河在大脑中交叉纵横并"滋养"大脑（为大脑提供能量）。

接着，对大脑的研究有了革命性的突破：大脑似乎由成千上万个小黑点构成，然而，大脑的本质和功能在当时仍是一个谜。随着显微镜技术的不断精进，我们发现，这些"黑点"比我们之前想象得还要多，而且每一个黑点似乎从自身向外有略微的延伸。

大脑细胞的认知过程和天文学的发展过程有着相似之处。例如，望远镜以及利用望远镜发现群星、太阳系、银河系和星系团。显微镜与望远镜如同双胞胎一样，都发挥了极大的作用，例如，利用显微镜来洞悉大脑中的"宇宙"。

随着超灵敏的电子显微镜的出现，我们发现每一个大脑都由上百万个叫作神经元的小细胞构成。每一个大脑细胞的构造都极其复杂，包含一个中心地带或者细胞核，以及从细胞核向各个方向发散的许多分支，这些分支像树枝一样围绕着细胞核。这些分支往各个方向发展，使得神经元结构异常复杂，但是外观看起来很漂亮，而且是三维的外观（见图 3-1）！

[①] 1 磅 ≈ 0.45 千克。——编者注

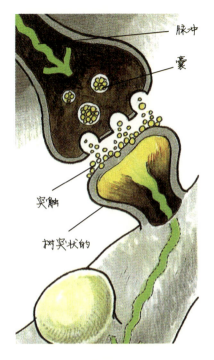

图 3-1 脑细胞之间的联系

脑细胞数量

接下来,我们将如同电影《星际迷航》一般对微观的大脑"宇宙"进行进一步探索,那才真的是令人惊叹。20 世纪后半叶,我们发现脑细胞的数量不仅仅是几百万——而是几万亿!为了呈现脑细胞量的价值,而不仅仅是将其作为"大数目"考虑,请使用你"左半脑"的数字运算能力和"右半脑"的空间想象力来想象大脑细胞的数量。21 世纪初期,我们曾估算世界人口的数量为 60 亿,那么,脑细胞数量与之相比又会是怎样呢?

脑细胞数量:1000000000000

人口数量:6000000000

根据这两组数据可以发现，大脑中的脑细胞数量是地球上人口数量的166倍！

为此，你可以想象到科学家们发现这组惊人数据时的兴奋与喜悦。

即使每一个脑细胞只能执行最基本的操作，但它们的功能是巨大的，这组关于脑细胞数据的意义也是巨大的。这些数据会将科学家的研究引入不可思议的领域。从某种现实角度上来讲，你确实引导着、指挥着、控制并掌控着这一万亿个独立而智慧个体的生存、行为和方向——你们每一个都是天才！你就是银河系之王！

在检测每一个脑细胞的真正威力之前，让我们先来消除一些关于脑细胞损失的危险误解。

普遍想法

在过去的 30 年里，我在面向全球成千上万观众的演讲中，问过下面的问题："当你老了，你的脑细胞会发生什么变化？"

大家的答案始终是"死亡！"让我惊讶的是，大家几乎都对自己的答案很满意！

当然，我的下一个问题就是："如果你们的答案是对的，那么你们每天要死去多少脑细胞？"

大家对这个答案的平均估算是"几千"到"上百万"之间。

同样，当我问大家"每喝一杯酒，会损失多少脑细胞"的时候，答案的范围基本在"一千"至"成千上万"。

我们想一想，假设大家的上述想法都是事实，而我们每一个人基本上都了解这些令人沮丧和不安的"事实"。每一天早上，几十亿人从梦中醒来，太阳升起，爱人就在枕边，而枕头上却是脑细胞——上百万的脑细胞。

祝你依旧能度过愉快的一天！

意识到这一点后，大家不由得都会深深地感到郁闷：我们的智力、情感、感知的中央处理器每天都在不停地损失成千上万维持其结构和功能的生物计算机芯片。

我们的自然反应就是"做好迎接困难的准备"，只要与成功挂钩，无论什

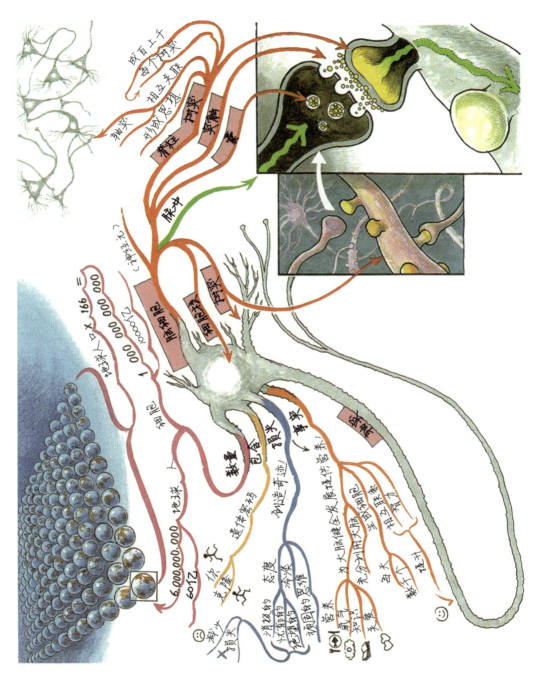

图 3-2 大脑细胞

么行动，都要坚持。但同时，面对职场中不断涌入的年轻人，我们也可以适度地收起锋芒，给年轻人一个展示的舞台，因为他们的大脑更年轻，具有更多的脑细胞，能给职场注入更多新鲜的活力！

▎好消息

首先，就你实际拥有的庞大的脑细胞数量而言，即使每天死去 100 万个脑细胞，对你的影响也不大。接下来，我们来做一道数学统计题：

一年的天数	365
悲观者的预估：每天损失的脑细胞数量	1000000
延长到 100 年寿命，预计损失脑细胞量	
（365×1000000×100）	36500000000
脑细胞的平均数量	1000000000000
延长到 100 年寿命，脑细胞损失数量	
36500000000÷1000000000000	0.0365
所占百分比	**3.6%！**

按年统计脑细胞损失的数量，我们最后得出的数字百分比为 0.036%，这个数字存在的意义可以忽略不计，尤其是当你和剩余的 99.964% 相比时。

此外，和大众的观点相反，正常饮酒 2~3 杯，例如葡萄酒，尤其是在进餐的时候，不会导致损失脑细胞。而大众所认为的喝酒会明显导致损失脑细胞的情况是：过量饮酒。在饮酒的过程中，脑细胞看起来会"收缩"，通过"收缩"的方式进行自卫。突然，当大脑发现喝酒的这个人"戒酒"了，即喝酒的人排尿过后，布列成队的脑细胞就会扩张，回到正常水平，意味着喝酒不存在危险，并且让身心得到舒展。

这里还有更多的好消息：以上所有的计算都是没有必要的，这仅仅是提出的一个假设。

为什么？

因为近来的研究表明，正常健康的大脑（即身体健康，大脑功能正常）并不存在明显的脑细胞损失，更多的情况是大脑细胞之间相互联系、相互增长，因此大脑的智力会成倍地增长。

另外，这里还有一个更大的好消息：

> 随着20世纪接近尾声，普林斯顿大学的生物学家们为大家呈现了一项发现，这个发现被称为"年度发现"。这也是历史上科学家第一次发现人类大脑的某些部分可以每天产生成千上万的脑细胞。

现在你已经知道：你拥有许多超级生物计算机芯片，这些"超级芯片"不会消失，并且每一天都会有一批新的出现（以千为单位计算）。既然如此，那么接下来我们就来检测一下脑细胞的厉害之处。

脑细胞的能力

想要了解脑细胞的能力，我们最好先分析类似于蜜蜂这种昆虫的脑细胞容量。为什么？因为，你一定想不到的是，蜜蜂（以及其他活体动物，包括你们常见的宠物，例如金鱼、兔子、狗和猫）具有与人类极其相似的大脑细胞。这就是为什么我们能和宠物进行默契交流的原因——这其实是因为人与动物的大脑基本结构是一样的。

与人类大脑一样，我们发现，动物的大脑也比我们之前想象得还要复杂，功能更加强大。

动物王国中的天才远比我们想象得要多。如果蜜蜂袖珍的大脑由我们的初级生物计算机芯片构成，那么，我们完全可以通过分析小昆虫的脑容量，清晰地了解生物计算机芯片的威力。例如，需要多少脑细胞才能"虚构"出蜜蜂所有的行为？究竟是多少呢？答案并不是我们想象的那样有百万，仅仅只有数千。

假设某种蜜蜂的大脑中有10000个脑细胞，让我们将它与之前计算出的人类大脑细胞百分比结果做一个对比。

蜜蜂脑细胞的数量	10000
人类大脑细胞的数量	1000000000000
蜜蜂与人类大脑细胞数量之比	1/100000000
相当于	**0.000001%！**

蜜蜂只有几千个脑细胞，相当于人类脑容量的亿分之一，那么，蜜蜂可以做什么呢？不妨先返回第 34 页，查看一下你对这个问题所做的答案吧！

蜜蜂游戏

脑细胞只有几千的蜜蜂可以做的事可多了。

（1）在昆虫界，蜜蜂在建造房屋上算是大师级"人物"，能建造复杂精密的"高楼大厦"供整个蜜蜂群居住。

（2）成年蜂可以照顾幼蜂。

（3）蜜蜂会收集花粉和信息。

（4）蜜蜂通过动作、声音和姿势与其他蜜蜂交流错综复杂的信息，以获取植物位置和花朵类型等信息。

（5）蜜蜂选定目标返回蜂巢后，能够通过记忆途中遇到的标志，再次飞到选定目标的所在位置。

（6）当其他蜜蜂回到蜂巢时，它们会与同伴跳复杂的舞蹈，告知新的发现地所在位置，并指引同伴前去。

（7）区分其他蜜蜂。

（8）进食。

（9）蜜蜂不仅会简单地攻击，还会猛烈地、专注地、快速地、多部位协调一致地进行复杂战斗。与蜜蜂相比，电影中的空手道选手看起来攻击速度更慢且无力。

（10）会飞行！想象一下，这些只有几千个脑细胞的蜜蜂是怎么做到的！

（11）像人类一样有听力。

（12）具有学习能力，参考以上第 4 点和第 5 点。

图 3-3 蜜蜂的本领

（13）居住在一个有组织的群落里，恰当地执行每一项任务（试比较下我们人类的行为）。

（14）做出决定。可以决定什么时候改变蜂巢的温度，决定是否交流信息，决定是否战斗或者迁徙。

（15）确定位置和方向。蜜蜂可以与我们人类建造的任何一架最精密的飞机（只不过是小型的）媲美。试想，蜜蜂可以在大风狂刮的天气条件下稳稳降落在摇曳的树叶上。

（16）产蜜。

（17）调控温度。当蜂巢内温度过高的时候，一群蜜蜂会统一行动，把翅膀当作巨大的公共风扇来降低室内温度，"重设"温度以达到理想的状态，它们能将蜂巢内的温差精确地控制在 0.1℃的范围内。

（18）记忆。如果蜜蜂没有记忆力，那么它们就不会计算、交流信息，无法生存。

（19）有繁殖能力。

（20）有视觉，可以看到紫外线。

（21）有嗅觉。

（22）蜜蜂的编队模式比战斗机中队更复杂。

（23）有味觉。

（24）会思考。

（25）有触觉。

近来，昆虫学研究发现：蜜蜂所有的脑细胞中，有一个脑细胞会被随机地选定为"脑细胞王者"。尽管在结构和成分方面与其他脑细胞一致，但是选定的"脑细胞王者"确实会掌管并指引整个脑细胞系统的运作。因此，这一个脑细胞实际可以掌管神奇大脑内的所有活动！

如果只有几千个脑细胞的蜜蜂尚且可以做到这一点，那么，我们有没有最大化地利用自己一万亿个脑细胞呢？也许没有。

对于教师、父母或者经常和孩子们在一起的读者来说，与孩子进行这个蜜蜂游戏，效果会很好。当孩子们了解到单个脑细胞的作用以及小蜜蜂所取得的巨大成就时，他们会自然而然产生新的认识，也会重新审视自我的价值。

▎一万亿个你

其实，除拥有上述能力外，大脑中的一万亿个脑细胞都具有完整的基因序列，通过克隆技术，每一个脑细胞都可以精准地制造一个和你本体相同的复制品。因此，之前插图所说的 166 个人口总数为 60 亿的星球是非常恰当的，因为你的脑细胞确实存在这种潜力！

▎脑细胞和电脑

读到这里，我们已经了解到人类脑细胞的能力远远超过任何一台计算机。所以，第 24 页的问题答案是 (9) 选项: 比以上所提及的房屋规模都大。不仅如此，事实上，如果用楼高来衡量所拥有的能力，那么目前世界上最好的超级计算机大概有两层楼那么高，而大脑的潜在能力将会比 100 层的摩天大楼还要高。

大脑的能力等级甚至可以用从地球到月球那么高的大楼来衡量。所以说，你的大脑比电脑强太多，你根本不需要畏惧使用电脑，它其实就像一个乐于助人的宠物一般，你可以把它当作好帮手。但即便如此，我们还是低估了大脑的能力。现在，让我们认真地思考一下大脑的真正潜力。大脑不仅仅是由上万亿个脑细胞组成，其中每一个脑细胞又都是一个微型中央处理器！其实，这些脑细胞之间还进行着信息的交换，所产生的关联更是比我们目前能够想象出来的最大数字还要多出无数倍，简直令人难以置信！

接下来，我们来看一下显微镜对你的错综复杂的大脑细胞所做出的进一步的研究结果。

错综复杂的脑细胞结构

随着科技的不断进步，科学研究和探索的工具也越来越强大。通过电子显微镜的辅助，我们发现，一个大脑细胞的成千上万条分支中，每一条分支都有延伸。延伸出来的部件外形像小蘑菇（小按钮）。随着电子显微镜功能越来越强大，我们可以不断深入挖掘大脑细胞的奥秘，我们发现，这样的每一个小按钮，就是我们之前在大脑皮质发现的"小黑点"，它自身还包含着一个巨大的空间。每一个小按钮都拥有成千上万乃至数百万个小囊，每一个小囊又都包含特殊代码的化学物质，等待着被激活（见第37页图3-2）。

同理，细胞的核心不仅仅是简单的"脑细胞的中心"，它更是脑细胞的"大脑"。基于我们对蜜蜂的认识：蜜蜂的大脑虽然体积小，但是功能相当大。就像俄罗斯套娃的构造一样，你大脑里的"大脑"还有"大脑"！[①]

紧接着在20世纪末，又一项奇迹得到见证。马克斯·普朗克实验室给存活的脑细胞录制短片，这是人类史上的第一次！从一个存活的大脑中提取脑细胞放进装有大脑液体的长方形的培养皿，并利用电子显微镜观察。这部短片为我们展示了神奇的小生物完全独立存在的智慧，改变了许多人的认知。短片中，有上百只婴儿般的手，像一只只变形虫一样延伸并收缩，在有限的领域内，专注地抵达每一个新发现的区域空间——目的是寻找联系。这部短片给人的感觉就像是在观看一个来自外太空且精致、灵敏、智能但极其不可能存在的生物。

（1）对脑细胞的看法

当问及世界各地观看该短片的观众对这个难以置信的小生物有什么看法时，他们的描述基本都用到了以下词语：

有能力的	漂亮的
有活力的	能沟通与交流的
适应性强的	有创造力的
爱探险的	好奇的

[①] 此处，第一个"大脑"指脑细胞，第二个"大脑"指细胞核。——译者注

神奇的

惊人的

了不起的

超乎寻常的

极好的

迷人的

天才型的

难以置信的

有智慧的

有魔力的

移动的

持续不断的

嬉戏的

有潜力的

有力量的

遵守纪律的

动态的

探索性的

辐射的

探寻的

系统的

孜孜不倦的

独特的

普遍的

不可阻挡的

生气勃勃的

美好的

奇妙的

哇!

当怀着敬畏之心观察这一小生物时,这一时刻也成为人类进化史上的一个转折点。这些观影者是第一批见识到活着的大脑细胞的人:他们是第一批真正意义上观察到"智慧细胞"的生物。让人印象深刻且欣喜的是,这些观影者分别拥有不同年龄、不同种族、不同国家、不同教育水平的背景,并且来自不同区域,但他们的观影体验几乎是一样的:每一个人都被震撼了,所见之景很壮观,大家都感到不可思议。

前文所列举出的那些他们用来描述奇妙小生物的词汇,或许连他们自己都还没有意识到,其实都是用来描述他们自己的。

是的,是你们自己!

是的,是我们自己!

(记住,这些词汇也适用于你,当你在阅读第 4 章的内容并接受元思考训练的时候,尤其需要思考这些词汇)。

除了有共同的反应、一样的欣赏之情外,他们都展示了在面对这样一个如此强大而又漂亮的智慧生物时的震惊程度。

那么，这些神奇的脑细胞生物是如何与其他脑细胞取得联系的呢？

（2）脑细胞及其附属结构

脑细胞是通过与上千个临近的脑细胞进行极其复杂的连接而运作的。当主要的、最大的分支（轴突）上的成千上万个扣状物与许多其他脑细胞的成千上万个分支建立关联的时候，这些极复杂的连接就基本形成了（见图3-1）。

每一个连接点被称为突触。当生化电磁信息（神经冲动）涌到轴突，它会通过突触上的扣状物释放出来，这个突触按钮与树状突脊相连，而它们之间则有一定狭小的空间。

神经冲动释放出成千上万个被称为小囊的球体，它们穿过突触的间隙，在显微镜的镜头下，看起来像尼亚加拉大瀑布。这些小囊以光的速度在突触的间隙穿梭，像上百万个白鸽信使，贴附在树状突脊的表面。接收一方的脑细胞接受信息后，又将这些信息传送到轴突，并通过各个分支再将信息传送到其他脑细胞，然后接连传送，最后创造出错综复杂的思维之路。

现在，你已经从身体构造、生物以及化学等方面了解到一个想法形成的复杂性，而每一天你都将创造数十亿个想法。基于此，你就会明白为什么要给你的大脑补充五星级营养餐——配菜包含氧气、信息和情感。

> 在人类历史上，第一次利用先进的成像技术观看了脑细胞是如何形成思维的。通过观看脑细胞的运作，不仅让你更欣赏人类的智慧，还为你揭示为什么使用正确的方式学习是那么重要。
>
> 《网络工作者》杂志（*Networker*），1999年1月/2月

大脑的运作规律 2——寻求知识

到此,我们开始学习大脑运作规律的第二条——寻求知识。事实上,正如你所知,信息是大脑和脑细胞存活的必需条件之一。正如我们从脑细胞的运作方式中了解到的一样,为了保持一直处于活跃的状态,脑细胞需要源源不断的数据和知识的注入,这也为脑细胞消耗营养和氧气能量提供了一个解释,这些内容会在第 7 章和第 8 章详细讲解。

你的大脑可以储存多少知识?从脑细胞容量的实际排列组合情况可知,答案是无限的。

结合协同效应规律,以及脑细胞之间如何相互联系等相关知识,你会发现,有必要确保你的知识来源是正确的,以及恰当地使用协同效应的方式处理数据。如果你这么做,你的身心思维技能就会得到提升,形成新的身心思维的可能性会相应提高,并且潜在的身心思维也会得到激发(见图 3-4)。而且我向你保证,在下一章,你获取的知识是正确的。

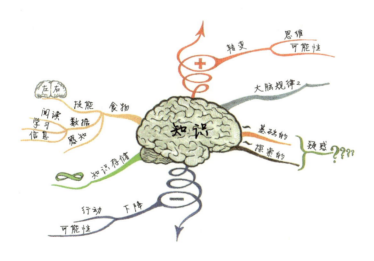

图 3-4　大脑的运作规律 2——寻求知识

思维模式被称为记忆路径（字面理解，即记忆的"踪迹"）或思维导图。这是一种很重要的惯常行为。更值得一提的是，它是既定存在的事实，一项"科学工程"、一条生物界的真理——你的思想是真实的。

从生物学上而言，你的思维模式的形成是基于脑细胞之间的信息传递，而这种传递组合方式在理论上存在极限，这也是能够限制你的思维、记忆、行为模式和习惯的唯一因素。

在上万亿个脑细胞中，每一个都有成千上万条分支，而每一条分支又都有成千上万个连接点以及亿万条信息。每一个信息连接点都可以形成几亿种不同的思维模式，那么可想而知，数字肯定是巨大的。其实，在 20 个世纪中期，我们已经大致得到了一个数据——1 后面还有 100 个 0，这简直是一个天文数字！

这个数字最终仍被证实有误，因为它与实际相比还是太小了，需要修正。由于基数太大，即使修正工作是仅仅再增加一位，这也意味着极大的增长。事实上，被修正的数字增加了 700 个 0——换言之，这个数字最后变成了八百位数。打个形象的比方，它代表着宇宙中所有原子的数目。

伟大的心理学家巴甫洛夫最出色的学生阿诺欣教授（Professor Anokhin），在俄罗斯是一名顶尖的大脑科学家，他从事脑研究多年，提出了甚至比 800 个 0 还要巨大的修正数字。他计算出大脑可形成的思维数量，不是 1 后面有 100 个 0，也不是 1 后面有 800 个 0，而是 1 后面有按照标准字体计算出的 10500000 千米长的 0。这些 0 足以写满一张从地球到月球 14 倍距离那么长的纸。

阿诺欣教授还说，从生物学和物理学上来说，目前所有人哪怕是最伟大的天才都还没有充分运用大脑中的一些最基本的潜能，因为大脑的潜能是无限的。

思维的可能性

▎重新认识我们的思维和新想法

接下来，与像梅林①般神奇的脑细胞及其思维模式有关的一个伟大发现是：从生物化学的角度来说，只要不断地重复一个想法，就会减小该想法再次产生的阻力。

用原始森林来做比喻是最好不过的。假设你现在有一把大砍刀，要想成功穿越森林，就必须披荆斩棘。你第一次产生某种想法时的感受和穿越森林时一样，会遇到很多阻碍（障碍物）。假设你好不容易排除万难，抵达终点，但直升机却把你突然吊起来又重新放回到起点，并要求你再次穿越森林。这一次，你会面临什么情况呢？显然，你的阻力会变得小一些，因为你之前走过同样的路。如果你和别人都一直走这条路，它最终会变成一条小道，之后变成一条路，再然后变成一条更大的路，最终成为一条主要公路。

同理，你的大脑亦是如此，每次你构思出一个想法，你遇到的阻力就会减小。

这一发现具有极其重大的意义，尤其是在理解个人行为、学习方式、行为习惯和发展潜能方面更是如此。

▎重复创造无限可能

如果每重复一次想法都会减小阻力，那么反之亦然，即重复同样的想法也会相应提高某些事情的可能性。但究竟是哪些事情呢？快速写下你的答案。

最常见的答案有：

- 记忆力
- 学习能力
- 成功

---

① 梅林（Merlin），英格兰以及威尔士神话中的传奇魔法师，能预知未来。——译者注

- 改进
- 创造力
- 智力
- 成长
- 心智力量

对于以上答案，我的回答是："有可能""有可能""有可能""有可能"……

尝试提问："训练可以使我们变得如何？"……
"变得完美！"这个答案是最普遍的（习惯性的）回答。
但是，训练真的可以使我们变得完美吗？假如你训练的方式有误呢？
所以此处应是，重复可以提升所重复事情的可能性。

你的所做、所说、所想、所感受，会使你今后更加倾向于用相同的方式去做、去说、去想、去感受。如果你做的是对的，并且用积极乐观的方式去谈论和思考，去面对自己、他人和整个世界、宇宙，那么这将促使你在以后说得更好、做得更好、思考更积极、感受更多美好。你有无限的能力来完成此事，成就你心中所想。这一切都是真的。

然而，如果你心中有潜在的恶魔，那么你可能会采取负面的行动，并常常对自己、他人、世界甚至宇宙产生不满。大脑中每产生一次这样的想法，你就会不断重复这种沮丧的情绪，并且越陷越深。有时候负面情绪和正面情绪一样，而人在创造负面情绪的能力上也是无限的。

是选择创造无限的积极乐观的未来，还是创造无限的消极负面的未来？你自己做决定，而你神奇的大脑本能会选择前者。只有当遇到非正常的情况，即大脑接收到错误的数据，选择采取不恰当的处理方式时，你的大脑才会往负面的衰退趋势发展。

基于对大脑及其本身神秘性的了解，我们可以解锁大脑思维训练的正确方式。正如你所期待的那样，这些新的领悟都是基于你之前了解到的关于神奇的脑细胞知识。它们超越了传统的思维技巧，并将引导你进入迷人的元积极思维的世界。

这些内容为下一章做铺垫，引导你之后进入本书的第二部分。

脑细胞训练

（1）照顾好你的脑细胞

现在你已经知道上万亿个脑细胞中每一个细胞的构成都相当智能且复杂，那么，请你对自己更加负责，尽最大努力照顾好它们，给予其充足的营养。当你继续阅读接下来的章节内容的时候,请积极寻找那些能对脑细胞有所帮助的信息。

（2）为脑细胞感到高兴

与家人和朋友分享关于脑细胞的数据——我们每一个人都有上万亿个脑细胞，我们的脑细胞并不一定会死亡，以及我们每一天都会获取新的脑细胞，数量至少是 1000 个。

（3）记住大脑的威力

记住蜜蜂的厉害之处。当你每次看到一只蜜蜂或是听到蜜蜂"嗡嗡嗡"的叫声，请记起之前提到的蜜蜂游戏。使用你的上半脑回忆这个小生物有多么令人惊异的智慧！然后再次思考你自己的潜能。使用下半脑感受自己对蜜蜂燃起的敬畏之情。

只要条件允许，你也可以随时和孩子们玩一下蜜蜂游戏。

（4）从 P44~P45 描述脑细胞看法的词语中，选出你最喜欢的 3 个

让这些词语出现在你的家里、学习或办公场所中，让它们提醒你不断想起自己拥有一个多么神奇、多么了不起的大脑。下一章你将会发现持续不断地回顾这些词语是多么重要，以及这些词语将会对你产生超乎寻常的积极效果。

（5）记住这个神奇方法

"重复可以提升所重复事情的可能性。"

大脑"增强剂"

（1）我有上万亿个脑细胞。每一个脑细胞都是一个小小的天才。我是它们的指挥官，我将致力于给它们做出正确的方向指引。

（2）我的大脑比世界上最强大的电脑还要厉害几百万倍。

（3）我喜欢把电脑当作有益的朋友。

（4）因为重复会提升所重复事情再次发生的可能性，因而我会为大脑提供营养与积极的思想。

（5）我是一个_____的人。（填写5个你最喜欢的描述脑细胞的词语）

大脑快速测试答案

（1）1000000000000

（2）否（它们只有几千个大脑细胞）

（3）是

（4）否

（5）否

（6）否

（7）否

（8）否

（9）以上都不是（比之前的选项都要大）

（10）重复

（11）否

（12）（略）

积极的心态来源于积极的思维,而积极的思维又是积极行动的结果。

拿破仑·希尔
现代成功学大师,励志书籍作家,
代表作《成功规律》(*The Laws of Success*)
《思考致富》(*Think and Grow Rich*)

HEAD STRONG

第二部分

身心思维技巧

在本部分内容中，你将化身为一名思维训练教练，结识一位新朋友——体重300磅的东尼，并帮助他利用积极思维控制体重。在此期间，你将认识到元-消极思维的可怕之处，它通过形成影响力巨大的坏习惯摧毁你的人生！因此，你应该学会如何寻找正确的模式，通过树立元-积极思维重新获得新的好习惯，这对你来说意义非凡。当然，你还会认识到大脑细胞创建思维的能力是无限的，一个个非常有趣的思维游戏也不断为你打通一扇又一扇通往想象力和创新领域的大门，其中，思维导图对展示大脑无限的思维潜能尤其有效。

除此之外，本部分内容还向你揭示了大脑运作规律的第3条——追求真相，即求真，这也与大脑本身的机制相符合。有趣的是，许多伟大的天才都曾声称：生活的最基本目标就是追求真相。

chapter four

第 4 章

元-积极思维

本章的内容涉及大脑思考的方式以及大脑思考时思维模式是如何运行的,这些都会在你寻找正确的元-积极思维方法的过程中得到锻炼。同时,你会明白即使是奥林匹克运动员也可能"做不好",当然,他们也能够用相同的方式"做好"。除此之外,你还会学习大脑运作的第 3 条规律——追求真相,这将能保护你的一生。

引言

> 我认为大脑是威力最强大的武器：它可以帮助我们取得巨大成就，也可以将我们摧毁。这么多年过去了，我依然选择前者。
>
> 玛莲·奥蒂（Merlene Ottey），世界知名短跑运动员，职业生涯超过 20 年

在本章中，为了训练并提升心智，你将会学习到爱因斯坦所推荐的方法。跟随我一起来玩一个有利于全方面提升心智的游戏吧。阅读完本章内容后，你将会对主要的积极思维技巧及其优缺点有更加全面的了解。本章的内容将会永久性地改变你的思维方式和你对思维的看法。

你有没有尝试过减肥或者开启运动健身计划但都失败了的经历？失败的原因在于你只关注了身体而忽略了大脑！要知道，没有正确的大脑和身体协同思维技巧（简称"身心思维技巧"），你几乎不可能改变自身已有的那些行为习惯！只有将大脑和身体相结合，才会让你变得无懈可击！为了让你更明白我所说的这个道理，让我们先来玩一个游戏吧。

在这个游戏中，你将要做我的身心思维技巧训练教练。除了使用目前已掌握的关于大脑和脑细胞的知识，你还会用你的人生经历来指导我。

积极思维的大脑训练游戏

影响力巨大的坏习惯

在这个游戏中,你首先需要想象以下情景:

(1)你是一名具有积极思维的教练。

(2)我是你亲密的朋友。

(3)我正面临着威胁生命的难题:体重300磅,而且还在继续增长。我发现造成我肥胖的最大原因在于我特别爱吃巧克力,20年来,我每天吃两盒巧克力,这已经成为一种习惯。

(4)我现在想要求助你,请你做我的私人教练。我想向你寻求一种积极思维方法,只要我每天坚持重复这个方法五次以上,它就可以改变我的生活,让我变得更好。

(5)你答应了我的请求。

(6)你想到了几种行之有效的积极思维方法,并挑选了最好的一种告诉我,这是能拯救我的最理想的思维方法。

现在让我们从脑细胞和思维习惯的角度来分析我的处境:在过去的20年里,我成为了研究巧克力和吃巧克力的达人!每一种不同款的巧克力我都研究过——从牛奶巧克力到黑巧克力,再到它们不同的夹心,从液态到奶油状,再到软糖,最后到硬糖夹心!如果按天来算,那么我每天吃的巧克力已经够多了!我想知道对这些巧克力的种类进行划分、对比、分析其不同口味,这算不算一种想法?

当然算!

这20年来,我一直做的事情就是在大脑中形成一个根深蒂固的习惯,也就是著名的BBH(the Big Bad Habit)——影响力巨大的坏习惯(见图4-1)!

我现在找你求助,让你帮我做出改变的决定。

我决定改变,这算是一个想法吗?显然答案是"肯定的"。那么,这个想法真实吗?答案同样是"肯定的"。

图 4-1　元－消极思维习惯的发展

我决定改变，于是找到了你，这就意味着我确实在脑海里形成了新的思维模式，我的行为有可能即将发生新的改变。

可怕的思维惯性

在这个游戏中，假设我们碰面时间很短，我向你解释自己目前的处境，你同意想办法帮助我，而且打算改日再见面。见面结束后，我马上回家，回到客厅的时候，整理出来的两磅重的精选瑞士巧克力正"直勾勾地盯着"我，亲爱的教练，你觉得我接下来会做什么？

（1）因为我做了新的决定，所以我压根就不会受诱惑。
（2）虽然被诱惑，但我只吃了一点点巧克力。
（3）虽然被诱惑，但我只吃了一块巧克力。
（4）虽然被诱惑，但我只吃了一部分巧克力。
（5）我因为受诱惑而吃了大部分巧克力，最终只剩下了一点点。
（6）我实在受不了诱惑，将巧克力全部吃完！

答案最有可能是：（6）我实在受不了诱惑，将巧克力全部吃完！为什么呢？

请再回看图 4-1，你找到原因了吗？20 年以来，我总是拼命地吃巧克力，使自己成为"奥林匹克"级别的巧克力达人。我的周围都是巧克力，在过去，我的脑海里已经形成了成千上万条关于巧克力的想法。这个根深蒂固的坏习惯对我的影响很大，甚至以后都会延续下去。因为，人们总是习惯于做平时习惯做的事，例如在吃巧克力这个习惯上，我已经有意识地重复了 20 多年了。

接着，新思想的介入就好比刚出生的小鱼！一个微不足道的新习惯想试图改变一个根深蒂固的坏习惯！

不可能！

所以，结果是我吃光了所有的巧克力。吃完之后，我才想起了自己刚决定要改掉这个坏习惯。在这种情况下，试想你对自己狼吞虎咽地吃完两磅的巧克力，会作何感想？快速记下你第一时间想到的 5 个想法。

过去 30 年里，我们针对同一个问题做了长期调查。现在把你的想法和该调查最常见的回答做一下比较。

- 一次失败的经验
- 害怕的
- 羞愧的
- 糟糕的
- 失去动力的
- 沮丧的
- 懊恼的
- 内疚的
- 无力的
- 不开心的
- 无用的
- 弱的

看看以上所描述的情绪，它们属于"想法"吗？

是的，它们确实是！

它们真实吗？

是的，它们当然真实！

思考着这些答案，我发现我竟然从没意识到自己其实将大脑置于"鲨鱼口"之下（见图4-1），这种思维惯性的影响力竟是如此之大，使得之前的根深蒂固的坏习惯看起来都无足轻重。实际上，这种思维惯性的根源就是著名的元-思维，在本例中，它又属于元-消极思维（Meta-Negative Thinking）。

元-消极思维

根据美国劳动统计局的数据显示：受负面思维和行为的影响，全美国的公司预计一年会损失3亿美元的收入。美国管理协会代表加里·托普奇克（Gary Topchik）说："除了造成工作氛围不融洽，消极思维还会影响盈亏总额、影响生产率和利润、影响营业额的增长、使旷工率增加以及导致顾客抱怨增多，从而构成商业上的巨大问题。"

新年伊始，"鲨鱼口"模样的元-消极思维开始庆祝自己最活跃季的到来。试想那些突然出现在上百万个大脑中的美妙又待吞噬的思维模型——新年愿望。这些新年愿望既坚定又充满热情。尽管如此，与影响力巨大的坏习惯相比，甚至与影响力更巨大的元-消极思维相比，它们微乎其微，因此它们的存活率甚小——这就是很多人没有实现新年愿望的原因。

这也是为什么越来越多的人（这些人或许仍是主流）不许新年愿望的原因。因为经验告诉他们：无论多么努力，愿望都会被打破。所以，新年许愿有何意义？

没有新年许愿使得他们免去因愿望没有实现而不断产生的负面结果，例如：负罪感、挫败感以及做事的积极性下降。

那么，这种变相的逃避是恰当的方法和行为吗？

绝对不是！

现在，你心中既然已经有了答案，不妨在继续往下阅读之前，先停下来思考一会儿，为什么？

根据你刚才了解到的新知识，例如，大脑是如何建立思维习惯的，以及人们对反复经历的事情所持的态度，思考一下这些没有实现新年愿望的人在想什么：

> "我不打算许新年愿望了，因为如果我这么做，愿望一定不会实现。"人们会用各种方式，在意识或潜意识的作用下重复这个想法，"我不打算许愿了，因为我是那种会打破新年愿望的人；我不打算许愿了，因为我只要一许愿，准不会实现；像我这样的人靠许新年愿望来提升自己是没有意义的，因为我的意志力不够强大，无法去实现愿望……"

正如你所见，新产生的元-消极思维具有毁灭性。这种思维越是强烈，深陷于思维中的人就越是难以下定决心来提升自己。这种元-消极思维会渐渐改变一个人，使他们的身体和大脑越来越不受控制，随着缺点的不断增多，能力下降是不可避免的。

当你吃完第一块巧克力后，心里所产生的那些负罪感、内疚感以及消极的思想，都是元-消极思维出现的征兆！这会加速你自我毁灭的过程，而"凶手"不过是一个思维模式而已。元-消极思维模式的影响力如此之大，大到它将会威胁许多人的生命。

讽刺的是，因为人类大脑是一个成功的机制，任何失败都会被认定为成功。因此，受元-消极思维影响的人做起事情来就像参加考试的考生担心自己一定会挂科一样，他们的目的就是为了证明：那些尝试鼓励他们的人是错的，他们自己的思维才是正确的。他们也只会关注身边的一切负面事情，强调着各种不幸，固执地认为自己运气不佳，被诅咒，并且通常会成功地骗得他人的怜悯，让别人觉得他们的奇幻经历是客观的，绝对真实。事实上，这些只是偏见而已。

这种"负面的结论"（例如，我注定会失败）既自欺欺人又有失公正，它仅仅只能让你感受到一瞬间的满足感。所有"负面的"预测一旦成为现实，会让人的一生以失败告终，它是令人沮丧的，只能不断加剧自我毁灭的过程。

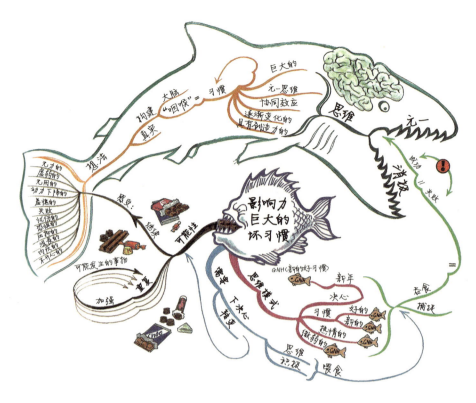

图 4-2 BBH（影响力巨大的坏习惯）思维导图

习惯与生存战斗

所有的这些习惯，包括"影响力巨大的坏习惯"（BBH）以及"元-消极思维"，它们不仅是真实的，还是鲜活的。就像所有的生物一样，它们会努力求生存，并且不断成长。现在，你已经知道了你的大脑中有上百万种"生物"盛行，每一种生物都为了生存而努力战斗，并且都尝试着寻找同自己相似的"伙伴"。因此，你需要积极的思想来主宰自己的内心。记住，你的大脑具有协同效应，思维的可能性是无限的。现在我们可以更清晰地看到，各种影响力巨大的元-消极思维完全可以掌控我们的生活，而且它们的潜能是巨大的，想要改变这种状况，除非我们能制造出更强大的、更有力的思维模式来压制它们。

回到体重 300 磅的问题，你作为我的朋友，同时也是拥有积极思维的教练，现在应该意识到：我的处境看起来比初次见面时还要糟糕。

现在我的体重增加到了 302 磅（还记得我最近刚吃了那盒巧克力吧！），你也知道这是由于我自身存在的两个问题造成的：影响力巨大的坏习惯依旧在延续；元－消极思维也越来越变本加厉。

你也知道，元－消极思维将会使用它全部的力量与可能威胁到它生存的任何一个积极思维战斗。换言之，无论你给我推荐多么积极的思维模式，哪怕我一天至少重复叮嘱自己 5 次，要吃巧克力这个影响力巨大的坏习惯以及元－消极思维都会团结起来，"运用"大脑的无限创造思维能力将其消灭，假若消灭不了，则想方设法避开积极思维，重新找一个角落使自己继续存活和发展。

元－消极思维对新产生的好习惯毁灭性巨大，它们更加强调大脑回避和逃避的能力，以及对正确思维模式的需求。

现在让我们开始寻找……

在接下来的练习中，你要负责打败我并且守护我，因为我即将扮演BBH（影响力巨大的坏习惯）和MNTH（元－消极思维）的角色——帮助它们战斗，让它们存活。而你，必须在对战中获胜！

舞台已经搭建好了，现在，你的任务是帮助我训练元－积极思维。我目前的体重302磅，我的坏习惯和元－消极思维正在变得越来越强大，它们会与你针锋相对。

你的目标是找到某个积极思维的主张，使其具有以下效果：每当我重复这个主张的时候，就会不断巩固一遍好的习惯。在重复的过程中，我逐渐培养起新的好的习惯，直到它在我的大脑内生成并成为主导性习惯。同时，反复重复这个主张绝不会助长坏习惯或元－消极思维的发展。

在我们设想的大脑游戏中，你应该已经来到我家来指导元－积极思维训练，而我也已经通过阅读有关积极思维的书籍、咨询专家意见、在网络上查询各种信息等各种渠道来做好充足准备。你已经发现了 36 种可能帮助我形成新的好习惯的宣言。这些宣言出自运动教练、积极思维训练者、奥林匹克运动员和大师级智力运动员。

寻找正确的思维模式

以下列表中的口号由一些积极思维者、心理学家以及英国女赛艇队队员(这些队员运用了元-积极思维后在奥林匹克运动会中获得冠军)提供,我要向他们表示感谢。

仔细浏览列表内容,看一看哪些对"体重302磅的东尼"有效,哪些是无效的,且标注"是/不是",并给出你如此判断的原因,可以用一个关键词或者一句话。最后,按照效果对其进行排序。

▎一些能帮到"体重302磅的东尼"的积极思维口号

	是/不是	原因	排序
(1)我必须停止吃巧克力。			
(2)我将会停止吃巧克力。			
(3)我吃巧克力时并不觉得内疚。			
(4)我享受吃巧克力的过程。			
(5)我不需要巧克力。			
(6)我的身体健康比巧克力重要得多。			
(7)我讨厌巧克力。			
(8)比起巧克力,我更爱吃西梅、胡萝卜和沙拉。			
(9)太棒了!我喜欢自己胖嘟嘟的样子!			
(10)我很瘦。			
(11)我身体健康。			
(12)如果我继续这样,我会变得更胖,会有更多的赘肉,很多很多。			
(13)我不会死。			
(14)巧克力尝起来像大便一样。			
(15)如果我再不停止吃巧克力,我会死/生病/呕吐/极度痛苦/更胖/更丑/便秘/孤单。			

（16）大部分异性不喜欢肥胖者。

（17）娇小的人比较漂亮。

（18）我这个人很棒。

（19）不付出就没有收获。

（20）我在控制吃巧克力。

（21）我的体重可以减轻。

（22）我值得拥有苗条的身材。

（23）想象自己苗条的样子。

（24）我是个成功者。

（25）我自己可以选择做什么。

（26）我可以打破习惯。

（27）我需要变得更好。

（28）我想变得更具吸引力。

（29）我想变得健康。

（30）我会忠于自己的内心。

（31）我会拥有健康的体魄与美丽的身姿。

（32）我将会变得健康。

（33）我将会只吃对身体健康有好处的食物。

（34）我将会关心自己的身体状况；如果不这样做，我可能不会长寿。

（35）我将会努力使自己变得更好。

（36）这是本列表最后一条宣言。脱掉全部的衣服，站在镜子前，看着自己并反复说："这不是真正的我，真正的我身体健康，体形苗条，身材凹凸有致。"每天睡前以及每天早上起床后还没开始日常活动前重复这句话5次。

当你分析完列表内容并做出选择后，请继续往下阅读。

对这些口号的分析

现在，让我们来大声朗读这些口号，边读边分析，看一下 BBH 和 MNTH 是否能找借口推脱，并寻找能给予它们正确的元－积极思维方法的基本要素。

（1）1项～6项

这些口号都不管用！事实上，它们非但没有成效，反倒会使情况更糟糕。为什么？因为这些口号的焦点都放在了巧克力上，而实际上你并不希望我想到它。如果我反复念这些口号，例如，"我必须停止吃巧克力"，你觉得此刻我的脑海里想的是什么？吃巧克力！正如下文所示，每次当我重复这些口号时，前几个限定词的意义将会缩小，而巧克力的画面会不断被放大：

我必须停止吃巧克力。

我必须停止吃巧克力。

我必须停止吃巧克力。

我必须停止吃巧克力。

我必须停止吃**巧克力**。

我必须停止吃**巧克力**。

我必须停止吃**巧克力**。

我……必……须……停……止……**吃巧克力**。

"吃巧克力"这个让人愉悦的画面一天中会在我脑海里闪现至少5次，你觉得我会去做什么？显然，会去吃更多的巧克力！那么，东尼的体重会飙到304磅！

所以，我们得出了与寻找正确的元－积极思维方法相关的第一条结论：

> 你关注的目标必须是一个完全具有积极影响的目标，且必须正确，能直接指引你达到想要的结果。

随着研究的继续深入，我们将会在元-积极思维方法这个盒子里，一点点加入一些神奇的元素（见图4-3）。

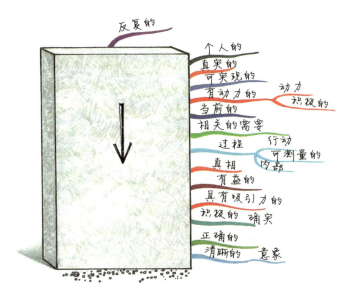

图4-3 元-积极思维方法

"积极思考者"在潜意识里特别关注那些他们不能做的事情，事实上，他们越想往积极方向发展，反而就变成了越具负面影响的"消极思考者"，让情况更混乱，从而产生失望而沮丧的心情。对他们而言，尝试停止消极活动只会更加剧消极影响的产生。

以下两个故事能很好地解释这一点：

赛艇队的故事

我正在给一支备战奥运会的赛艇队进行加急训练，这个团队过去表现很差劲，在该项目的各项世界排名中往往都不值一提。那么，该团队的成员如何评价自己呢？在考察中，他们发现自己的两大弱点在于：既缺乏体力，又缺乏精神力量，这是导致失败的两大因素！之所以得出这个结论，是因为无论他们采用什么样的自我心理提升技巧，比赛名次还是常常不理想。当他们与之前战胜过自己的对手比赛时，主要的自我提升技巧就是不断重复地激励自己："我们不会被他们再次打败，我们不会被他们再次打败……"

那么，他们脑海里最后出现的画面是什么？是"被再次打败"！并且其他的选手肯定也是这么想的！

然而幸运的是，在他们学会更恰当的元-积极思维技巧后，整个团队的体力和精神状态都得到了极大改善，经过3个月的急训，他们从"垫底"的名次一跃至奥运会赛艇比赛第4名。

高尔夫球运动员的故事

有一位职业高尔夫球运动员在某场重要的锦标赛中频繁地将球打进同一个水坑。

第二年，他再次回来参赛，所有的媒体记者都围绕着他，询问他是否还会犯同样的错误。他表示让媒体记者放心，自己很有信心这次会表现得更好，因为在过去的一年里，他使用积极思维技巧来辅助训练。那么，你认为他这次会表现如何？

他再一次直接把球打进了那个水坑！

当他在排队等待击球的时候，从他的肢体语言，还有双眼凝视水坑的神情，你不难发现，他的大脑在不断重复："去年，我就是在这个发球区把球打进那个水坑的；我今年不会再犯这个错误了；球不会再次掉进那个水坑，它在我左边15度方向，距离有70码（约64米）；球绝对不会再掉进那个水坑。"当他在脑海中重复这个所谓的"积极思维"的时候，你会发现他在无意识的情况下，又把球打进了那个水坑。

他的大脑已经经过了一年的训练，比赛当天则是精神更加高度集中的时刻。事实上，大脑是这么反应的："好吧，既然你想让球进水坑，那么，我就按照你的意愿让球进去！"而结果是，球的确进去了，而且比上一年还要精准！

如果你还想在元-积极思维方面找到更多既有趣又有用的例子，那么去阅读报纸的体育版块吧，你会发现许多具有国家级甚至世界级水准的教练和运动员也会经常犯这种"消极目标"的错误，究其原因是他们没有掌握大脑的内在运行机制。

记住——就元-积极思维而言，你必须要指引自己的大脑往积极的一面思考。

（2）7项～11项

这5个口号都是不恰当的，其中有几个有不止一处错误，不过，它们还犯了一个共同的错误，你能察觉出来吗？

回到之前的列表查看后，你会发现这个共同错误就是：都在自欺欺人！而与之相对的事实是：我不讨厌巧克力——与其他食物相比，我更喜欢巧克力！我不喜欢长胖，我身材并不苗条，我身体并不健康！

这就意味着，如果我每天都坚持重复这些话，我将会建立另外一种可怕的思维模式，即：我是个骗子，我是个骗子，我不诚实，我是个骗子……

不断重复这些话，我的大脑就像长了脓疱，这最终会导致什么结果？精神分裂、不道德、不真诚、有罪恶感或者感到恐惧，在这种不安的精神状态下，我需要用什么来安慰自己？巧克力！

于是，东尼的体重增长到了306磅……

（3）追求真相

> 在愉悦的书房那宁静的气氛中注视着真相的明亮面容。
>
> 约翰·弥尔顿（John Milton）

> 帝王相争，乃时光之风采；将谎言揭穿，让真相大白。
>
> 威廉·莎士比亚

大脑运作的第三条规律既至关重要又振奋人心，它简单明了地指出：大脑是一个追求真相的机制。为什么？因为保持真实性与正确性是大脑得以存活的最基本的机制。如果你周围的信息都是不正确的，而你做决定的时候又需要参

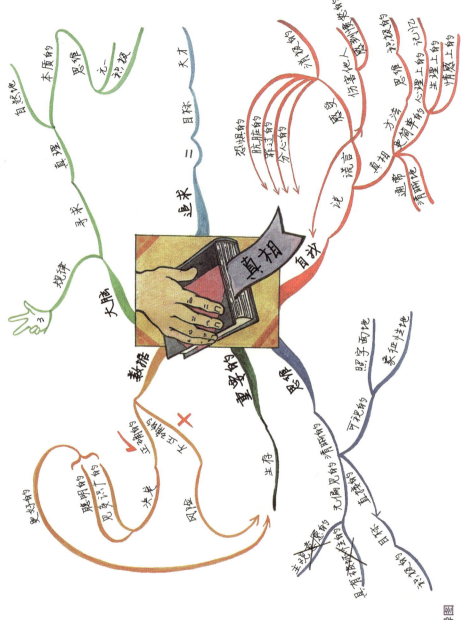

图 4-4
关于真相的思维导图

考这些信息，那么在这种情况下，你会将自己置于危险境地。相反地，如果供你参考的信息都是正确的（真实的），那么大脑就会做出更明确而全面的判断，你的存活概率会更大。有趣的是，许多伟大的天才都曾声称：生活的最基本目标就是追求真相。

> 我有三位挚友，他们分别是：苏格拉底、亚里士多德和真理。
>
> 艾萨克·牛顿

例如，如果你不知道，载有 5 吨重货物的卡车在飞驰这一结论，只是相对于观察的人是相对静止这一条件来说的，那么，对该卡车在飞驰这个观察结论将会成为你大脑接收的唯一信息！

第三条规律——追求真相解释了为什么所有人，尤其是小孩，对于一些不好的行为仅仅只是感到不满，但是一旦当他们被欺骗，就会感到受伤或者愤怒。

当你在喊口号的时候，你需要尽可能清晰地告诉自己事实的真相。这对于元－积极思维训练很重要，尤其是当你一年多次，甚至一天多次重复这个思想的时候。

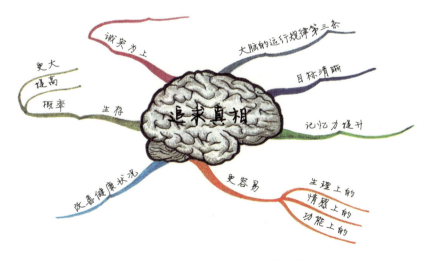

图 4-5　大脑的运作规律 3——追求真相

（4）12项～16项

就像7项～11项一样，12项～16项也存在一个共同的问题，翻回到前文，看看你能否找出来。

这个共同的问题就是：它们在我的脑海里都构建出了恐怖而消极的画面。想象一下：每天我要提醒自己会生病，巧克力的味道尝起来像大便一样，不停止吃巧克力就会产生呕吐、疼痛、便秘等各种不适，并且变得孤单！就这样每天提醒自己几次！除此之外，我还要提醒自己：我的异性缘将不断地被破坏！

不幸的是，这些负面的想法此刻占据了我的大脑。世界各地的人们都在追求更幸福的、美妙的、成功的人生，却不知不觉地把自己的大脑转变成了垃圾碎片集中营。

所以，每天思考这些垃圾碎片，你们觉得我——体重306磅的东尼，现在的感受是什么？憎恶？沮丧？丧失信心？孤独感？那么，我需要做什么来克服这些可怕的情绪呢？当然是吃巧克力！

于是，东尼现在长到了308磅……

那么这样看来，元－积极思维的想法必须是对你的大脑要有吸引力才行。为什么要说"有吸引力的"呢？因为，如果这些想法是有魅力的，那么大脑就会被这些想法所吸引。然而，对于那些不愉悦的想法，大脑会选择逃避，你的身体也会随之产生不必要的紧张和压力。

这里有一个比较有趣的转换此类消极思维的方法：就是不停地吃巧克力直到身体吃出问题，让你产生一种巧克力对身体有害的相关联想法，从而使你改掉吃巧克力的习惯。

然而，这种"转换治疗法"几乎没有生效过。

这种大脑具有MNTH（元－消极思维）的行为可以在历史书中找到佐证，书中曾记载，罗马人热衷于用食物把自己塞饱，然后强迫自己吐出来，这是为了享受空腹带来的继续进食的极大快感。就我爱吃巧克力这一点，这种方法实际上更有可能加剧我对巧克力的欲望。

（5）17项～20项

不幸的是，17项～20项对于阻止我吃巧克力也发挥不了作用。这些口号的共同问题在于：没有与我的自身情况紧密相关！例如，"娇小的人比较漂亮"这个口号或许有道理，但那又如何？身材健硕或者丰满的人难道不漂亮？如果我不断重复"娇小的人比较漂亮"，说不定还会因此而拓展与巧克力相关的研究，选择的巧克力的面也会更广，我可以选择美味但体积小的巧克力，甚至在吃自助餐的时候也不忘吃巧克力！

东尼的体重达到了 310 磅，而且还有上升的趋势……

要记住，你的口号一定要与你正面临的问题密切相关。

（6）21 项～23 项

21 项～23 项看起来可能让人挺满意，但实际效果并非如此。细细读来，你会发现这其中隐藏着一个非常危险的目标——只是让体重减轻，而这可能会导致很多人殒命。那么，我甚至可以通过节食、整形等极端的方式来减轻体重。对于元－积极思维者而言，减轻体重这个目标具有反弹的风险。

国际时尚产业目前的风尚都是在说服女士（现在也更多倾向于说服男士）：要变瘦！这导致了很多悲剧。一个女孩站在镜子前不断重复："你应该变得更瘦，你应该变得更瘦，你应该变得更瘦……"这句话不断地在她的脑海里出现，元－消极思维对她的影响力也在不断增长。因此，每次她看到镜子里的自己，无论多么瘦，她都觉得自己有多余的脂肪。她的大脑一直告诉她要"变得更瘦"，直到瘦得只剩一副骨架。

这就是神经性厌食症的形成。这也是之所以那么多厌食者曾尝试治疗却不幸以失败告终的原因：他们费了很多功夫，却不是从严格的"心理"治疗方面着手。究其原因可以追溯到 BBH 上，它的影响不断扩大，加强了元－消极思维，并且受整个社会以及受害者本身的影响，最后，增加了受害者自我毁灭的可能性。

所以，当你在创建自己的元－积极思维方法时，一定要意识到其有可能会存在的危害。你要做的是完善这些口号，使之具有积极影响，并令你全面获益。

（7）24 项～26 项

像之前的 3 个口号一样，24 项～26 项听起来可能实用，然而却没有发挥作用。例如，"我自己可以选择做什么"。当然，你可以选择。但是，那又如何？

这个口号对你现有的知识构成没有任何影响，也没有给你积极思维的指引，它的关键点在于：做什么，你完全有选择的自由权！同样，如果这个口号运用于我们可怜的朋友东尼，你觉得他可能会选择做什么？不言而喻，吃巧克力！

于是，东尼的体重激增到312磅……

这些口号的共同错误之处在于：行动没有指令，也没有具体的目的和动机。而效果好的元–积极思维方法一定能够给你动力，让你变得更加积极主动。

（8）27项～29项

那么，这些口号恰当吗？

不！它们都有些微的错误。错误虽小，但是也会不可避免地导致最终的失败。让我们回到之前的列表，看看是否能将它们一一找出来。

我当然想变得更具吸引力，变得健康。我也想要100万美元，还想要居住的环境舒适。当然，我也想要一架私人飞机。我还想要……想要……想要……想要……

这3个口号的错误之处在于：它们都是主观愿望，纯属痴心妄想。还是那个存在的老问题：它们没有给你提供动力，没有指引，只是不断在你的脑海里重复，加重你的痴心妄想，减少你取得成功的可能性，最终你会变得更加沮丧，被泼更多的冷水。这种痴心妄想在你脑海里不断做无用的重复，永远都不会实现，就像狗追着自己尾巴跑，却永远都咬不到。

在这种情况下，我相信你和我都会在"我们想要"的列表里增添一项内容，你猜是什么？再来一盒巧克力！

东尼的体重继续飙到314磅……

（9）30项～35项

这一组口号是积极思维口号中最受欢迎的，答案也很完美。

有用吗？

有用！……也没有用！

回答"有用"，是因为这组口号能够指引我们找到构思元–积极思维方法的重要元素；回答"没有用"，是因为这些口号包含极细微且令人不快的错误思维——这个错误已经使得许多美好愿望落空，那些聪明且有目标的人持续多年沮丧，且不知自己为何失败，其实原因显而易见。仔细想一下这些口号是怎么说的：它们包含了"我会，我会；我将会，我将会"。

毫无疑问，这些口号把大脑指引到了狡猾的陷阱中。大脑被欺骗说它将会得到提升。什么时候实现呢？未来！那么，夹在"现在"和"我将会成功的未来"之间的这段时间，影响力巨大的坏习惯和元－消极思维会让我们做什么呢？当然是再吃一盒巧克力！

当我吃了这盒巧克力后，我的体重激增到了316磅。此时我觉得元－积极思维（实际上是元－消极思维）毫无用处，我长胖了，我觉得很恐慌，我需要用什么来安慰自己，让自己淡定呢？我会重复声明"我将会……"，不知不觉地，我又把目标推向了未来，我又给自己创造了机会，你觉得我会做什么？再来一盒巧克力！

东尼的体重现在飙到了318磅，并且还在增长……

综上所述，就寻找元－积极思维而言，我们需要注意什么呢？显然，在拟口号的时候，我们不能用过去时。因为过去时根本不能为我们指引前进的方向，只会再次重演历史。我们刚刚也发现，使用将来时同样会让我们陷入无止境的循环"明天，明天，明天"，最终导致延迟行动，因而我们一定要用现在时来写口号。

即使我现在318磅，但我能感觉到我就快要成功了！

（10）36项

这是最后的答案了吗？大部分人持赞同态度，而且认为这种"元－思维"会得到广泛传播。其实，尽管最后一条宣言看起来很有诱惑力，但它却是最大的灾难。根据你所学的关于大脑细胞的知识，从习惯培养的角度来看，想想接下来会发生什么？

让我站在镜子前看看自己——318磅！身体没有经过训练，看看这些脂肪组织，都是我的！用什么来看到的？我每一只眼睛都包含13亿个光接收器。每一个光接收器每秒可以接收上亿个与光信息相关的画面，每一个画面、每一个光接收器都确认了这个客观事实：镜子里的人就是我！看到这个真相，我能说什么？"那不是我！"

我要反复告诉我的大脑：镜子里的人不是我，我眼睛所看到的不是真相，我的眼睛在撒谎！因此，我在大脑里又植入了一个信息，并不断无意识地重复：我的眼睛在撒谎——所看到的一切并不真实；我的眼睛在撒谎——所看到的一切并不真实；我的眼睛在撒谎——所看到的一切并不真实。

逐渐地，我开始不喜欢与人和物发生视觉接触，不断地避免目光接触，从不认真地关注外部的世界。

并且，如果镜子里的人不是我，真实的我身材优美而强健、健康又性感，那么我可以选择做什么？毫无疑问，吃更多的巧克力！

下一次，当我再看到镜子里 320 磅的自己，我会肯定地说：即使镜子里那个人体积再庞大，他也不是我。相反，我会说（我在撒谎！）：我依旧出色，而且充满着魅力，这才是我。因此，我还可以吃更多的巧克力。

然而，东尼现在体重 322 磅，即刻需要拯救！

• • •

现在，你已经对需要拯救的我的全部信息了如指掌。

元－积极思维——终极方法

影响力巨大的坏习惯和元－消极思维几乎无所不在。现在我们来填入缺失的最后一块拼图。我们知道，这个口号必须是与个人相关的，因为我要不断地提醒"我"自己，而且它的时态一定是现在时，所以我一定要说"我是……"，而且我们知道，我在说出真相的同时，还需要指引自己往积极的方向发展。所以，现在情况是：

第4章 元-积极思维

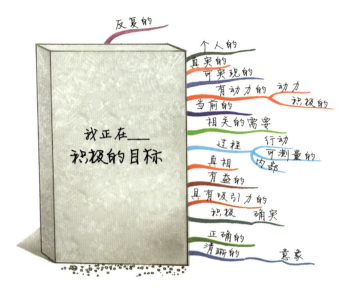

图4-6 元-积极思维的最终方法

"我正在'＿＿＿'（'＿＿＿'指代一个积极的目标）。"

根据我们之前举的例子，我的积极目标是什么？是变瘦吗？不！我们之前已经得出结论：变瘦是件危险的事情。我们也知道目标不能是停止吃巧克力，因为这样的目标只会使吃巧克力的行为变得更频繁。潜在的积极目标是要变得健康——身心健康，并且享受健康带来的一切好处，包括美丽的线条、更强的毅力、更灵活的身体。只要达到这些目标，体重下降是自然而然的事。同样，达成目标后的影响也会更大，更全面，对身体健康更有益。达到身心健康这个想法是真实的以及可以实现的——这是元-积极思维所必备的另外两个基本特征。

所以，我们可以说"我是健康的"吗？显然不可以，因为这与最开始的那些口号相比更像是在撒谎。

那么，要从根本上改变BBHs和MNTH，这块最终缺失的拼图是什么呢？填入什么内容才会使得大脑在追求自我提升的无止境道路上获得自由？

你觉得应该填入哪个合适的词或短语？或者说哪一类型的词或短语？

这个缺失的词或者短语必须呈现出一个过程，它可以是一个可测量的行动概念，同时它迫使你的大脑进入这个过程。要做到元-积极思维，关于这个口号，我的答案可以是以下几种：

"我会变得健康起来。"

"我会变得更健康。"

"我正变得越来越健康。"

"我会越来越健康。"

"我会更健康。"

建立全新的好习惯

现在，当我一天重复口号 5 次或者更多次，反复称自己会变得更健康，如此日复一日，再看看大脑和思维模式发生的变化，习惯元-消极思维的大脑还有路可逃吗？

没有！

上述口号用的是现在时，遵循事实与真相，它不断地引导我往更健康的方向发展。无论影响力巨大的坏习惯和元-消极思维如何挣扎，这个全新的好习惯都可以建立起来，不断重复，影响力将会持续扩大。因此它会不断指引你变得更健康，你的健康指数会不断提升。之前我们见到的所有"积极思维"的陷阱都没有出现在这个新的元-积极思维方法中。所以，随着新的好习惯的影响力不断增强，大脑就再也没有多余的能量补给同样影响力巨大的坏习惯和元-消极思维。

在你刚刚取得进步的某些阶段，影响力巨大的坏习惯和元-消极思维会占上风，这是因为新的好习惯处于起步阶段，影响力还不够大。即便如此，请记住：当你不断重复这个口号的时候，会大大提升你所重复目标的可能性。即使当你觉得可能要"失败"，也请牢记：每重复一次，你这个新的好习惯就会得到巩固，你实现目标的可能性就会加大。

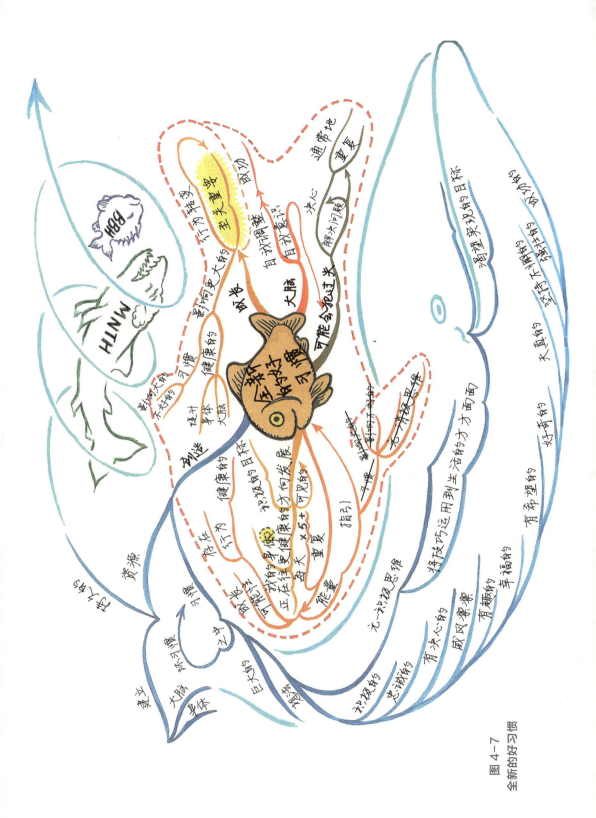

图 4-7
全新的好习惯

在新的好习惯开始建立的前几天和前几周，与影响力巨大的坏习惯相比，它的作用显得微乎其微。那么，我会不会去吃巧克力呢？当然会。当我吃巧克力的时候，这个新的好习惯也在发挥着作用，它在不断影响着我，我的大脑就会意识到自己是在变得更健康的过程中吃巧克力，因此就会对吃巧克力的习惯稍稍做出调整，或许会减少吃巧克力的量，或许延长步行锻炼的时间，又或者加入健身俱乐部。

随着时间的推移，新的好习惯的影响力会不断扩大，而你的行为习惯也在持续发生改变，直到有一天，奇迹发生了，新的好习惯终于超越了坏的旧习惯。直到此时，我的身体和大脑才真正变得健康起来。如果我继续重复这个口号，健康状态还会得到提升。

有时候，你会听说某些人"突然转性了"。这些司空见惯的例子包括那些生活本来一团糟的人突然变得几乎像接受了军事化培训一样，把生活规划得井井有条，还有那些郁郁寡欢的人突然变得心情愉悦，活泼开朗。这些人都曾用过不同的方式来改变自己，他们的"突然转性"正是新的好习惯慢慢积累达到一定临界点时的表现。

▎元－积极思维

当我在建立新的好习惯的同时，我也在创建一些更有趣的更具深远意义的事情——形成元－积极思维。

影响力巨大的坏习惯导致了元－消极思维的形成。同样，GNH（新的好习惯）也会产生具有强大影响力的元－积极思维。

元－积极思维与元－消极思维所产生的结果截然相反，但与影响力巨大的坏习惯的本质一样，它也是一种习惯的根源——它是所有良好的思维习惯的根源。

用来描述元－积极思考者的词语包括：

- 活跃的
- 忠诚的

- 意志坚定的
- 有趣的
- 开心的
- 有希望的
- 一切尽在掌控之中的
- 开放的
- 乐观的
- 坚持不懈的
- 强壮的
- 成功的

元-积极思维就像一座有魔力的金矿。你开采得越多，拥有的金子就越多。它既是能运用到你生活方方面面的思维技巧，也是能指引你达到目标的指南针。以上用来描述元-积极思考者的词语也可以用来描述你自己。

不断有研究表明：仅依靠使用大脑的这些积极思维就能使免疫系统变得更强大，使身体各方面变得更健康。

同时，还可以延年益寿（关于这一点，第7章与第8章会有更多讲解），也会让你的生活变得更美妙。

把自己的身体想象得健壮

你是你内心的设计师，脑海中的各种思想既可以提升你现实中的结构复杂的身体机能，也可以使你的大脑变得更加精妙。同时，在大脑中确立的上百亿种思想模型，可以成倍地提升你身体及生活的方方面面。

正如本书第1章的内容所言，大脑是神奇的，具有协同效应作用：

"……随着你不断建立与宇宙银河系一样多的积极思想，这些思想也会同时在你的大脑中建立新的联系。这一切都将会使得你的'超级生物计算机'更加复杂化，同时更精密、更强大、更成功。"

使用元-积极思维可以帮助你优化大脑设计。因为一旦建立了元-积极思维，你和你所有的大脑细胞都会一起开始追求新知识，学习新经历，你的大脑构造因此会变得更加复杂而精致。

在这个关于大脑的世纪之初的研究报告中，上述一点被既巧妙又有趣地进行报道，该研究由伦敦大学学院的神经协会执行。研究发现，伦敦出租车司机大脑后部的海马体（掌管导航技能，掌控许多路线）体积不断增大，目的是容纳需要在伦敦街道出行的导航信息——属于出租车司机行业的"知识"。正常情况下，出租车司机需要用上整整两年，几乎每一天，都要做好准备被测试：对许多所有可能出现的路线测试，以及对伦敦这个大都市中的各种各样的地点定位，包括所有的伟大建筑和地标建筑。只有当他们通过各种严格的路线测试，才能最终拿到出租车司机证。

正如《每日电讯报》所报道的："一点也不足为奇，这些专业的出租车司机的神经系统比普通人更强大。为什么呢？因为他们早就知道这种高强度的学习甚至比在大学里获得一流的硕士学位所需的知识还多，这样做都是为了提升和加强所有的脑力技能。"

要想成为一名艺术家、一名科学家、一名设计师或者一位拥有权威思想、创新能力和强大记忆力的人，你需要利用并不断提升自己智慧的大脑，使之更加强大。

不过，你可能仍旧要问，那些存在至今的影响力巨大的坏习惯和元-消极思维又该怎么办呢？

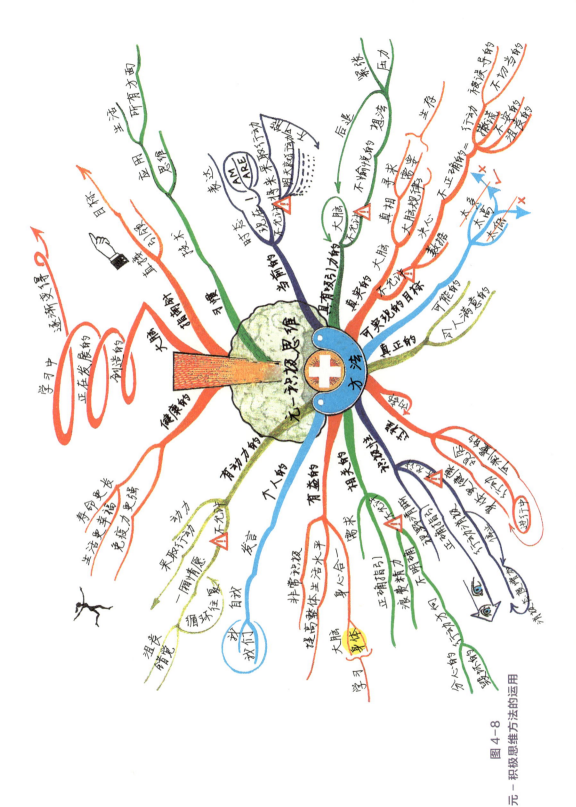

图 4-8

元一积极思维方法的运用

与坏习惯和元－消极思维化敌为友

你已经建立了新的好习惯和元－积极思维，你觉得现在该做什么来应对还未完全消除的坏习惯和元－消极思维？

（1）尝试忘记它们的存在？   是 / 否
（2）有意地限制它们进入自己的思想？   是 / 否
（3）尝试破坏它们？   是 / 否
（4）不理不睬？   是 / 否
（5）向专家咨询关于摆脱它们的意见？   是 / 否
（6）要求脑外科医生利用激光手术清除它们？   是 / 否
（7）运用特殊的思维方式——元－积极思维来清除它们？   是 / 否

我们是否应该尝试忘记它们？

不行！正如之前所述，如果我们试图忘记，只会适得其反。同样，如果我们试图破坏它们，结果也只会使之完好无损地继续发展。

那么，我们应该要求脑外科医生做激光手术来清除它们吗？这显然行不通！

在元－积极思维的指导下，这些坏习惯都会逐渐成为历史，成为过去的经历！因此，大脑的知识储备"银行"会将它们全部储存起来，成为共同的经历和记忆，它们是我们生活的一大组成部分。

客观而言，影响力巨大的坏习惯和元－消极思维通常被视为"坏的"或者"邪恶的"，然而，现在它们开始成为我们的最终思维目标——"智慧"的一个重要组成部分。与"敌人"相反，它们现在成为我们的好朋友，拓宽了我们生活的宽度和深度。我们不仅不应该抛弃它们，还应该利用它们来获得更多看待事物的角度，同时帮助自己和他人共同受益。

现在请假设，当你遭遇失败的时候，你觉得谁会给予你最大帮助：

第一类人：告知你把所有失败的记忆全部拒之门外，然后重新振作、继续生活。

第二类人：告诉你他们也曾有过类似的失败的经历，然后给你信心，鼓励你去克服困难，最终获得成功。

元－积极思维给你带来的启示是，所有这些影响力巨大的坏习惯和元－消极思维都会成为促进你智慧增长的重要组成部分。

元－积极思维总结

元－积极思维的方法一定是：

（1）个人的（"我"，如果是一个小组或团队就是"我们"）

（2）真实的

（3）可以实现的（设定可实现的高远目标）

（4）用现在时（我是／我们是）

（5）包含动作的过程（现在进行时的词汇：正在发展／成为）

（6）诚实的

（7）有动机的（必须能激发你并且给你动力）

（8）本身是积极的，且指引你看清楚一个积极的现象／未来

（9）有吸引力的

（10）与你的需求相关

（11）整体而言对你是有益的

还记得之前奥林匹克赛艇队的故事吗？（见第69页）队员们在决赛的表现完美地诠释了元－积极思维在真实的运动场景中所发挥的作用。距离在首尔开幕的奥林匹克运动会还有两个月的时间，英国队与八连胜的澳大利亚队正在泰晤士河上进行赛艇对决。

除了英国队的赛艇运动员和我，大家都赌澳大利亚队会赢！比赛一开始，澳大利亚队与对手就拉开了三分之二的距离，这个距离一直保持到他们距离终点线几百米的时候。依照赛艇比赛常规，历年在泰晤士河上的赛艇比赛，任何一队在最终冲刺的几百米时还落后这么多，其结局是必输无疑的。

然而，具有元－积极思维的英国队并不认输。英国队的舵手对着队友大

喊："一切皆有可能。"随之，英国队突然发起猛冲，在领先澳大利亚队几乎四分之一船身的情况下，领先冲到前面。而此时，确信无疑会夺冠的澳大利亚队对英国队的反超感到措手不及。英国队保持这种势头，逐渐接近终点线。此时，这场比赛仍然是无法预料胜负的比赛。在宣布结果前，观众有三分多钟处于屏住呼吸、紧张观赛的状态，直到广播员公布结果："在这场澳大利亚队与英国队的赛艇大挑战杯比赛中，夺冠的是领先一步的英国队！"

比赛结束后，当我和英国队舵手聊天时，他面带微笑却调侃性地问我："东尼，你觉得我们领先的一步是什么？"我沉思了一会儿并向他寻求答案。

"是思维方式。"他微笑着告诉我。

的确如此。

元－积极思维练习

（1）通过"自我对话"的方式来检查并弄清楚自己现阶段处于何种元思维结构（消极或积极的）。

（2）建立生活目标并开始一步步完成目标。

（3）将已建立的目标组织为元－积极思维口号，并不断重复，一天至少重复5次。（重复的次数越多，效果越好。）

（4）要明白你现在所做的都会让你的生活得到改善。

（5）依照目前你所了解的思维运作模式，重新审视自己的生活，包括过去和未来，并记录你从影响力巨大的坏习惯和元－消极思维中所获取的经验教训。

（6）形成打破常规的习惯，这会对你的生活产生巨大的影响，并使你的生活习惯发生转变。考虑到习惯这个问题，你会发现，大部分人最大的习惯就是保持习惯。为此，你可以通过不断搜寻自己的坏习惯的方式，来形成元－积极思维，并在工作中使用这一积极的思维模式，以达到自己预期的目标。

元－积极思维的介入会让你摆脱坏习惯的束缚，通过调整现有的生活习惯，从全新的角度认识自我，并实现自己的目标。

大脑"增强剂"

根据你现有的关于大脑细胞和元-积极思维的知识,你将学会如何准确地设计你想要的关于新的好习惯的口号。以下是我挑选出来的口号,对我自己还有一些奥林匹克运动员尤其适用:

(1)我的思维技巧正在不断得到提升。

(2)我正在变得更健康,身材也变得更好。

(3)从各个方面来看,我每一天都在变得越来越好。

(4)我越来越坦诚地面对我所做的一切。

(5)诚实的品格是我人生的"指路人"之一。

(6)我正在不断地调整自己的坏习惯,并不断建立新的好习惯。

chapter five

第 5 章

创造性思维 & 发散性思维

从本章开始，你会认识到大脑细胞创建思维的能力是无限的，同样，大脑利用这些无限思维产生无限想法的能力也是无限的。

在本章中，我将为你展示如何在美妙的创新思维世界中运用刚刚提到的两个无限：无限思维和无限想法。本章可以被视为一次大型的脑力/创新思维训练。

引言

> 发达大脑的最显著标志就是它会使用隐喻（寻找完全不同的事物之间的关联）。
>
> 亚里士多德

接下来的"大脑快速测试"将会为你清晰地呈现现阶段大脑的思维状况，为你更具创新力的未来铺路。与此同时，你也可以将自己的测试结果与其他人的测验结果做对比，看看有什么不同。

本章也为你设计了非常有趣的创造力游戏，该游戏将不断为你打通一扇又一扇通往想象力和创新领域的大门。一旦大门开启后，我将会帮助你寻找增强大脑性能的方法——通过这些有趣的、能够有效开发想象力的训练来不断提升你的创造力。

当你了解了想象力的力量之后，我会在此基础上为你介绍发散性创新思维工具——思维导图，并为你展示一个激活创新思想的新方法。

你在本章所学到的所有知识将最终运用到实例中——写一首诗吧，来释放你那富有诗意的灵魂，并由我和英国桂冠诗人泰德·休斯[①]从旁指导辅助。

伴随着大脑"本体"、大脑细胞、思维和创造力的学习，你将会在最佳状态中结束本章的阅读，并做好准备将你所学的一切运用到身体思维。

[①] 泰德·休斯（Ted Hughes），英国诗人，埃尔文基金会创始人，1977年被授予帝国荣誉勋章，1984年被评为"桂冠诗人"。——译者注

在探索极其有趣的创造力领域之前,我希望你先做一个常规的"创造力快速测试"(答案见第113页)和一个关于衣架用途的创造力游戏测试。

创造力

大脑快速测试

(1)创造力是天生的,有些人天生就有这个特性,有些人就没有。 是 / 否

(2)创造性思维是无法传授的。 是 / 否

(3)创造力有基本的规则和方法,并且它们是可以被模仿的。 是 / 否

(4)线性的记笔记方法是激发创新思维的一个好方法。 是 / 否

(5)圈出以下能最恰当地反映出你创造力级别的词。

天才

出众的

优秀的

非常好的

好的

平均水平之上

平均水平

平均水平之下

差的

非常弱

没有

(6)在0~100这个范围,0=最低点,100=天才级别,假如你是创造力思维思考者,你会如何给自己打分?

(7)你能想到的衣架的用途有哪些?给自己两分钟时间尽快写下答案。完成这项练习后,请继续阅读。

该题的评分标准是你每分钟能想出的衣架用途的数量。将2分钟内得到的想法数量除以2,就可以算出你平均每分钟的想法数量。

稍后，我们会针对你的测试结果做出分析。

左、右半脑的创造力技能

创造力包括左、右半脑对所有心智技能的运用：

左半脑技能	右半脑技能
词汇	节奏
逻辑	空间感
数字	格式塔（全局图）
顺序	想象力
线性	幻想
分析	色彩
列表	维度

第一列词——"左半脑技能"，在学校很受重视，并且也经常被用于教导学生。相较之下，第二列词所获得的重视度远远低于第一列，而且也没有被用于教导学生。相反，它们通常会被有意地制止。

年龄小的孩子思维开放，热衷于绘画，用各种颜色给所有事物绘上色彩，不断地提出各种问题，并且利用无限的想象力设想自己的生日礼盒内装满各种各样的东西，包括飞机、房子、洞穴、坦克、船、太空船。然而，他们却被逐渐地教导只能用一种颜色的笔做笔记，尽量少提问题（尤其不可以提"低级的"却有可能是最有趣的问题），因此使得上百万渴望行动的思维细胞长时间静止，然后逐渐发现自己在艺术、音乐、智力和体育方面的表现越来越差。在这种情况下，孩子就会逐渐成长为一个自认为没有创新能力的成年人，从一个通过生日礼盒都能想象到上百万个东西的想象力丰富的人，"进步"为一个思想贫瘠且毫无创新能力的人。

现在，让我们再来看一下本章第 93 页的大脑快速测试第（7）题。

关于衣架用途的创造力测试——全球的平均结果

关于每分钟想到的衣架用途的数量,全球平均数据(见图 5-1)的分布分别从 0(这也挺不容易的)到 4~5(平均水平)再到 8("头脑风暴"水平)再到 12(十分出色且少见),最后到 16(类似于托马斯·爱迪生般的天才)。

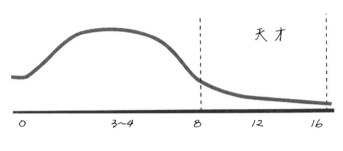

图 5-1 创造力图表

如果没有时间限制,让大家尽可能多地想象衣架的用途,那么最终的平均成绩可能是 20~30 种。

关于本次测试,你还需要知道一件事:这些测试的结果据统计是有可信度的。换言之,你可以在任意一天进行测试,数年之后,你再次测试,会发现结果是相似的。

与你的智商、身高以及瞳孔颜色一样,你的创造力测试得分也是你个人的永久特征之一,这些统计数据的可靠性是通过几十年来成千上万个创新思维研究验证出来的。

回忆目前为止在本书中所学到的所有内容,你有没有觉得此处的内容有点奇怪呢?

假设你是一名销售人员,正在试图说服顾客购买"大脑"。

你对推销的那一套话烂熟于心——首先,你对顾客宣称你的产品——"大脑"是全宇宙最神奇的作品。接着,你会进一步解释每一个大脑都是一台超级生物计算机,由上百亿个超级生物微芯片组成,然后指出如果要用具体数字来衡量大脑所产生的思维数量,那么就是 1 后面不停地写 0,写到 1050 万千米那么长。

接着你会强调大脑的特别之处,只要使用特定的记忆技巧,就几乎可以记住一切事情。同时,你还向顾客展示大脑可以找到任意两个物体之间的联系。另外,你还会和顾客解释大脑会思考,懂得多种语言,能解决数学问题,具有视觉、听觉、嗅觉、味觉、触觉等功能,可以对身体进行全面操控。

在最后,你的推销发言达到高潮,你会告诉顾客:这件"大脑"可以在 1 分钟内想出的衣架用途的数量是 4~5 种,一生则可以想出约 25 种!

难道就这么结束啦?!

列举上述的例子是为了指出一些严重的错误:我们接收训练使用大脑的方式错了,同时也错误地把创造力测试当作是真正衡量我们创造力潜能的手段。

(1)创造力的进一步测试

回到之前的关于衣架用法的测试题,圈出一个你认为最有创意的用法。在你做出选择后,写下你的选择标准:你选择它是因为它最 _____。

从以下词汇中圈出你认为最能描述创新想法的:

- 普通的
- 新颖的
- 实际的
- 远离标准的
- 平淡无奇的
- 令人兴奋的

显然,创新的想法是新颖的、远离标准的,还有它通常是令人兴奋的。如果你说衣架可以用来挂外套,那么没有人会理睬你!然而,如果你说可以将衣架做成雕像，或者制作成乐器，那么大家不仅会对你的想法感兴趣，也会对你这个人感兴趣。

想一下那些你所熟知的天才人物，如果要给他们下定义的话，一定是"远离标准的"。如果斯特拉文斯基[①]像他的前辈一样创作音乐，那么他的才华可能就会被淹没。同样，如果毕加索像前辈一样绘画，而不是采取自己那令人惊奇的、新颖的方式来创作，他也同样会泯然于众人。

这些具有创新思维的天才处于创新思维世界的边缘，这也就解释了为什么普通人可能认为他们是疯子的原因，因为他们的思想游离于常理之外，没有接受过创新思维训练的人是很难理解的。

但是，从现在起，你将会深入了解这些天才想法的本质，这让你在成就自我的道路上又迈进了一步。

（2）再次回顾创造力测试

在过去几十年里，已经有成千上万人做过你刚刚所做的创造力测试。设计这项测试的心理学家已经确认这些测试是可靠的——例如 5 年、10 年、15 年之后，你的得分和你几年前的测试结果仍然保持一致。

事实真的如此吗？或者你内心还是想要得到其他答案？

确实有其他答案！

让我们再次思考这个问题——"试想衣架可能具有的每一项用途"。

接受的教导越严谨，大脑就越会认为"用途"指的是标准的、普通的、合乎情理的用处。同样，大脑还会认为这个衣架是由标准尺寸、标准材料制成的。标准＝常规，常规＝常规的思维。那么，常规思维就属于平均水平。的确，"常规的"这个词的英文 normal 就是起源于统计学上的"规范、标准"的英文 norm 一词。

那么，这个创造力测试想要测试什么呢？常规以外的思想！

这里推荐一种更灵活地指导大脑思维的方法，叫心理认知（Mental

[①] 斯特拉文斯基（Stravinsky），美籍俄国作曲家、指挥家和钢琴家，西方现代派音乐的重要人物。——译者注

Literate），该方法可以对刚刚设置的测试问题有更多创造性描述，因此会产生更多的想法，并且每个想法都很棒！心理认知和创造性思维会使你对"用途"一词的理解更广泛，甚至可以将"用途"理解为"关联"。你也会即刻想到衣架可以是任何尺寸的、由任意材料制作而成，可以变成任意形状。

因此，具有创新思维的天才会打破所有的传统界限，列举出衣架的很多用途，包括许多无法想象的、常规之外的用途。例如，一个衣架有5吨重，如果把它熔进巨大的模具中可以用来制造一艘轮船。

正如你所见，那些运用心理认知且拥有创造力的人可以自然而然地运用大脑的无限潜力，创建无数个关联。

具有这种思维的人，对着任何一个物体都能联想出2000种以上的用法，而这仅仅是一个开始而已。

衣架的用途——创造力游戏测试

本次测试是为了告诉你——每一个人的创新思维都是可以通过学习获取并不断进步的。接下来，运用你学到的关于创新思维的知识，尝试做一下新的创造力测试。

以下所列出的40个词汇是随机的，你的任务是亲自或与朋友一起寻找衣架与列出的任意一个词之间的关联。

一开始，有些词可能看起来很难找到关联。但是只要你坚持思考，放宽词义的同时展开联想，你将会顺利找到关联并完成任务。

在列表的末尾，你会看到我的学生、朋友还有我自己提到的一些范例。如果你的想法比我们的还要"前卫"，那么请给自己一些额外的奖励吧！

现在，享受全新的创造力想象之旅吧！

（1）高尔夫球

（2）雪

（3）锁

（4）肌肉

（5）蚌

（6）音乐

（7）马戏团

（8）后背

（9）植物

（10）旗帜

（11）鞋子

（12）土豆

（13）管道

（14）笔

（15）太阳系

（16）刀

（17）金钱

（18）钟

（19）降温器

（20）动物

（21）汤碗

（22）电灯泡

（23）盐

（24）头发

（25）通讯

（26）吸管

（27）树

（28）鱼

（29）公牛

（30）杂耍

（31）巧克力

（32）天鹅

（33）气球

（34）针

（35）细菌

（36）羊

（37）月亮

（38）下巴

（39）放大镜

（40）船

可能的 40 种关联

（1）高尔夫球。可以利用衣架的钩子从池塘或水沟中取回高尔夫球；足够大的衣架还可以将其熔化，做成高尔夫球杆，在紧急情况下使用。

（2）雪。用一层皮革包裹住衣架，衣架就做成了可用于在雪地上行走的鞋子。再用一些更坚固的物体，例如木板，把衣架下方三角形的空缺部位填满，就可以做成简陋的滑雪板或雪橇。

（3）锁。衣架可以用来制成钥匙或者开锁器（的确，有"创意"的小偷常常将其用来作为盗车的工具）。

（4）肌肉。如果衣架是硅胶材质或是由牢固的橡胶制成，那么它会很结实且有弹性，就可以作为肌肉训练器。

（5）蚌。衣架可以当作很好的开壳工具，还可以用来挑出蚌肉。

（6）音乐。衣架就是一个现成的发音三角铁。

（7）马戏团。衣架可以用来制作马戏表演中给动物跳越用的铁圈，衣架的尺寸大小由动物的大小来决定。

（8）后背。用来制作给后背挠痒的工具。

（9）植物。衣架可以作为固定植物生长的理想的支撑物。

（10）旗帜。衣架可以制作成旗杆，也可以让卷起的旗子舒展开。

（11）鞋子。可以用来制作理想的鞋拔子。

（12）土豆。当烤肉叉，把土豆串起，在火上烤。

（13）管道。用于制作疏通管道的工具。

（14）笔。可以用衣架在岩石表面和泥土上书写。或者剪掉衣架的三角部分，把弯钩弄直，沾上墨水，就可以作为钢笔来书写。

（15）太阳系。在学校教室的天花板上用衣架把太阳及其他八大行星的模型吊起来，教会孩子们认识太阳系的星体。

（16）刀。很简单，只要将衣架剪断，断口处尖锐的部分就可以用来当作尖锐的刀口！

（17）金钱。如果有人急需衣架，那么就可以把衣架卖给他。或者，你的衣架本身就是用金子做的，可以交换你想要的一切。

（18）钟。把衣架垂直竖立在地上当作日晷，根据影子，你可以准确地判断出时间。

（19）降温器。如果这个衣架温度非常低，可以用来当作降温器。

（20）动物。衣架可以当作动物玩具，有时也可以用来解救被困的动物。

（21）汤碗。金属制作的衣架可以再塑成一个汤碗。

（22）电灯泡。金属衣架可以用来制作电灯泡里的灯丝。

（23）盐。衣架是理想的打开盐瓶的工具，或者挑出粗盐里面的杂质。

（24）头发。衣架的尖端可以用作只有一个梳齿的简易梳子。整个衣架可以作为朋克发型的内部支架。

（25）通讯。敲出摩尔斯电码的理想工具。

（26）吸管。可以将一根粗的衣架内部挖空，就立即变成了一根吸管。

（27）树。衣架的作用就是为了取代树（以前的衣服都是晾在树上）。

（28）鱼。做成鱼钩。

（29）公牛。可以用作鼻环或者斗牛士的武器。

（30）杂耍。如果玩杂耍的人可以玩球、燃烧的火棒、枪、小鸡和电锯，那么为什么不可以玩衣架！

（31）巧克力。作为叉子，把巧克力从盒子中叉出来。在衣架上涂满巧克力，然后把糖果装饰上去，这是件多么美妙的事情。

（32）天鹅。对于学艺术的新手而言，衣架是可以帮助他们塑造出天鹅优雅曲线的理想物件。

（33）气球。弄出爆音！系在气球嘴，挂起气球进行展示！

（34）针。可以当作大号的针织针，也可以当作普通小针或者钉子。

（35）细菌。用显微镜观察，任何衣架的表层都有参差不齐的小洞——那是细菌繁衍的理想之地。

（36）羊。为了防止羊身上的毛因太多而变形，可以用衣架把羊毛撑起来。

（37）月亮。巨大的衣架可以被制成宇宙飞船。

（38）下巴。金属材质的衣架可以用来"托起"受伤的下巴。

（39）放大镜。玻璃材质的衣架（确实有不少）可以被弯曲到一定程度，让光透过来放大物体的图像。

（40）船。可以用作船锚、船舵等多用途工具。

这只是个游戏，为了让你的大脑迸发出更多有创意的想法，你要尽己所能地去想，无论想到的点子多么不可思议，你只需要放任想象力驰骋即可。

从这个游戏中，你可以学到许多经验与教训

（1）激发创造性想象力的关键不在于花时间寻找可能的路径或者关联。不停地寻找只会让你陷入无底的深渊，正确的方法应该是给大脑提供任意可供思考的素材。当大脑同时思考两件事情时，它会自主进入"协同效应模式"，最终，在某种程度上，它一定会找到两件事情的契合点。

（2）如果你采用了上述的正确方法，你的大脑就会把任意两件事情相互关联起来——这一经验再次证明了大脑具有无限的能力来创造关联，并进一步产生创造性思想。

列奥纳多·达·芬奇通常被认为是最具创造性思维的天才，他曾说过一些话，用在这里十分有趣。达·芬奇提到关于他自己的创造性思维，他说他常用的规律之一就是多观察，因为每一件事情和其他事情在某一方面总会有关联。

这一点也不奇怪，达·芬奇所说的这条规律就是本书中提到的大脑协同效应，它使大脑拥有近乎无限的思维模式。

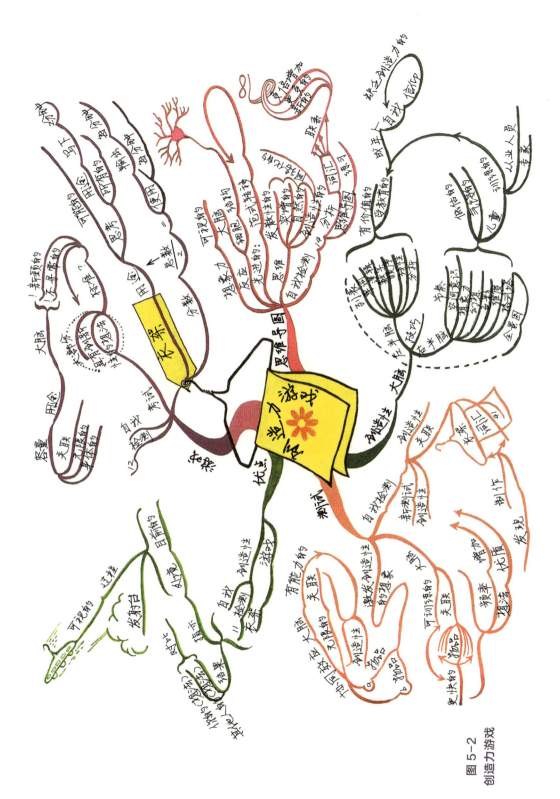

图 5-2
创造力游戏

（3）从这个游戏中，我们也不难发现：当你让大脑尝试关联时，它会逐渐加快关联的速度，寻找事情之间的联系，这证明你的大脑能力是可以通过训练进而有所提升的。

（4）此外，你还将发现：你在创造性思维训练中越频繁地使用"配对关联"技巧，你的想法就会变得越"前卫"也越"疯狂"。越"前卫"越"疯狂"的思维也意味着越有质量！

（5）从上一条我们还可以得知：创造性思维可以让你变得幽默。幽默是创造性大脑的标志之一——它能开发并提升创造性思维智力。

（6）我们最后一条经验得益于你之前对"大脑"的推销："大脑可以在1分钟之内想出衣架的4至5种用途，一辈子的话大概可以想出25种用途！"这是你之前的推销话语，现在看看，用这样的方式推销我们的"大脑"，你不觉得很荒谬么？你已经可以在1分钟之内轻轻松松地写下衣架的20~30种用途，在今后的日子里依然可以保持以这样的速度去思考，那么现在的你一定会质疑之前那份创造力测试的全球平均结果（见第95页）了。

然而，你现在又困惑了，因为我前面说过测试结果的数据已经证实是有可信度的。其实，从大脑快速测试开始到这里为止，都是我的一个测试，它再一次证明了元 - 消极思维的可怕力量；这个思维习惯的形成不是仅存在于某一个个体中，而是在绝大部分人中普遍存在——例如"我并不具备创新性思维"或者是"创新性思维这种罕见的天赋在1000万人中只有一个"。

元 - 消极思维的根基很强大，使得数亿人数百年来都受困于此：对于任何事情，我们以为自己只能想出几种有限的用途。事实上，我们可以想出无限种用途，只要我们允许大脑尽情畅想；然而由于受限于元 - 消极思维，我们会认为问题有无数个，解决方法就只有几种。实际上事实却是，问题相当少，解决方法却是无限多的。

通过以上的学习，我们更清楚地了解了自己的未来。拥有这些经验之后，我们还有另外一项训练可以展示大脑无限的思维潜力，同时，它最终会使我们自主发展并运用创造性思维工具。

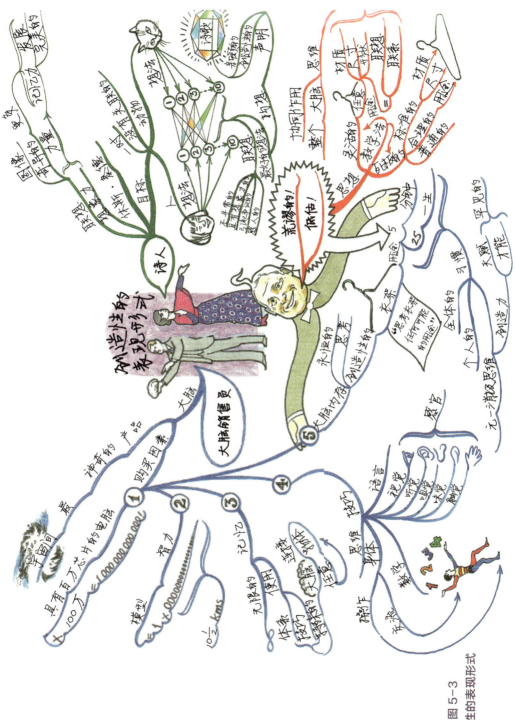

图 5-3
创新性的表现形式

思维导图——终极版创造性思维工具

众所周知,传统的大脑风暴法需要你站在一块展示板前,列出小组成员想到的所有想法。

从你目前所了解到的关于大脑协同效应的知识,你会发现大脑能够连接无数条路径,从各个方向发散形成关联的创新性思维能力,而线性笔记法或列表法是大脑进行创造性思考最糟糕的方法。它们只会让你的大脑思维受困,阻断每一条展开联想的思维之路,这就好比你拿着剪刀,剪断了大脑细胞之间的关联。

其实,你的大脑需要一种能够表现思维本质的创造性思维工具——让思维发挥其本质特性,使用探索性的方式将所有意象和关联形成一个联通的网,这才是真正的思维内在的运作模式,同时,这个模式也需要你的大脑去适应它。

思维导图就是这个思维工具。它建立在你目前为止从本书中所学到的所有内容的整合的基础之上。

思维导图的正中心是用一个字或词来描述一个基本的意象(见图5-4),它能即刻激发你的创造性想象力。从这个意象出发,发散性思维分支会与中心意象建立关联。这些分支最好是弯曲的,因为与严谨的结构相比,你的大脑更喜欢随意的结构。发散性思维分支很大,其大小代表着这些想法的重要性。

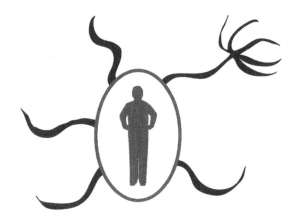

图 5-4　基本的思维导图

从中心意象可知，你的大脑并不是一个线性思维工具。相反，它是一个发散性思维组织。从大脑中心发散出来的这些关联，折射出了大脑神秘的思维结构，而思维导图正是依据这个原理绘制而成。

▍思维导图训练测试

这一次，思维导图的中心图像，即意象设定为人类。在一张足够大的纸上首先模仿图 5-4 画出中心图像。然后，在一级五个分支上清晰地写上你所能想到的关于"人类"的五个词，之所以建议你要写下来，是因为写下来可以更快地给予大脑信息并让它做出反馈，让创造性过程的速度更快。

完成这一步之后，你需要在每一个一级分支上再次画出五个分支，并且根据每一个一级分支的词汇找到新的关联，在二级分支上写下你脑海里显现的五个想法。当你在做这项训练的时候，你会注意到自己的大脑是如何运作的。

刚刚你所进行的思维导图训练再次展示了创造性思考的无限能力。每次你在思维导图上写下一个词，你的大脑就会在围绕着它的过程中产生关联，这些关联又会成倍地形成新的关联，不断地重复着，无止境地一级级传递下去。

不仅如此，这还不算什么！如果你再仔细看绘制中的思维导图，从立体角度来看，你会发现这个思维导图可以引导你进行无止境的探索。再具体一点，如果思维导图的中心图像变成了一个立体的球体，你可以持续地、无止境地、无死角地形成放射性关联。

由此可见，大脑是一台创造性思考机器，可以无止境地产生思维。

这一结论让我们直接回忆起阿诺欣教授关于思想模型数量的计算，教授认为这个数量是无限的。而且刚刚你经历的两次测试（第一次是创造力测试，第二次就是现在的思维导图训练）也证实事实的确如此。

▍利用思维导图进行"范式转移"

当你学会了熟练运用思维导图后，无论在哪个领域，你会发现一个现象：一开始看起来不怎么重要的词汇偶尔地、慢慢地在思维导图最外层接连出现。

如果某个词或者概念出现过两次，那么之后每次它出现的时候就画上下划线，使它显得更突出。如果同一个词出现三次，那么可能有必要圈出这个词。显然这个词的重要性在不断增加，比那些只出现一次的词更值得重视。

在某些情况下，你会发现某个词出现四次甚至更多，或者在所有的分支上都出现。如果真是这样的话，将这个方框画成一个三维立体框。

在这一阶段，你可以充分利用大脑皮层的维度与全局观察能力辅助你的思维做一个巨大的转变，使得你在这个领域的思维得到提升。首先，你把中心观点周围的每一个重要概念都画上一个三维立体框。接着，画出一个更加巨大的方框，将所有刚才画出的方框包围。最后，把这个最大的方框也画成三维立体框的形式。

现在再看，你画出的最原始的思维导图周围是什么？一个全新的框架结构。换言之，你的大脑已经意识到：你起初想到的某个词或概念其影响范围其实很小，而它存在于一个更大的架构中，这个架构影响之大，大到贯穿你研究的整个领域，也许还可以成为你制作下一幅思维导图的新的中心图像。

这就是思维界的"范式转移"，也是所有优秀思考者的目标。例如，贝多芬让我们在对音乐的情感上做了"范式转移"；塞尚让后人对艺术家的看法发生了转变；麦哲伦让大家对整个地球的认知产生了从平面到球体的转变；哥白尼让大家对天体运行的认知产生了从"月心说"到"日心说"的颠覆性认识；爱因斯坦让我们对宇宙本质的认知产生了根本性的转变。

思维导图作为一个思维工具，其设计的目的在于加速你对"范式转移"的认知，从而提升大脑对整体创新思维产出的认知。你可以运用它来提升自己的创造力，不断地使用它来提高自己无限的创新性思维能力。

最后再给大家举个利用思维导图进行"范式转移"的例子，这个例子源于我对记忆力的探索。图 5-5 看似是一个极度简化后的思维导图，实际上，它的最初模型比这还要庞大而复杂，我花了很多年的时间来简化它并不断完善。这一简化后的思维导图总结了我对记忆力的探索以及我所有的研究成果。

我探索得越深入，对记忆力的每一个子领域了解得就越多——包括学习的时候如何记忆，学习之后如何记忆，为什么会遗忘，过去使用的记忆技巧有哪些，以及记忆超强的人使用的方法有哪些——在这个过程中，我发现总会有两个词反复出现。

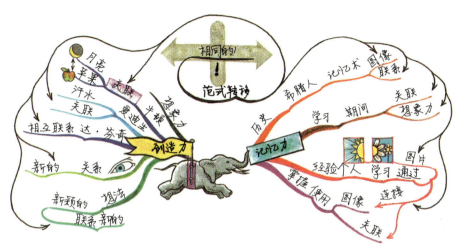

图 5-5 记忆力——思维导图

我把这些问题联系起来,并梳理成一个框架,放进这个庞大的思维导图。接着,我就开始着手"范式转移",并发现关于记忆力的两大规律:第一,训练想象力;第二,提升关联能力。当然,也许还有更多我尚未发现的重要且有效的规律!

研究记忆力的同时,我还研究了创造力,并在大脑中建立了一个同样庞大的思维导图模型。学习本章内容到现在,你是否已经发现创造力的两大工具?没错,就是想象力和关联能力!

创造力是基于关联能力和想象力这两大思维工具产生的,这也是思维导图的工作原理。同时,通过观察创造力和记忆力这两个思维"范式转移",我总结并提炼出了元-范式转移:创造力和记忆力几乎是一样的思维过程,仅仅是目的不一样。元-范式转移表明思维导图起初是一个发散性的思维工具,接着,在其特殊结构的辅助下,在下一阶段,它促使大脑形成一种集合思维。而集合思维又可触发我们的发散性思维,然后不断循环下去……

根据以上内容,我很高兴地告诉大家:

你在训练创造力的同时,也在无意识地训练你的记忆力;

你在训练记忆力的同时,也在无意识地训练创造性思维技巧。

当你决定将本章节的方法用于提升自己创造性思维技巧的时候，无需额外努力，你的记忆力也会得到提升。目前你正处于发挥大脑协同效应的状态中，你的创造性思维能力和记忆力今后都会持续地得到提升。

因此，现在对你来说，本书所挖掘的创造性思维导图以及书中所总结的各个重点领域对你的作用更大，其意义也更为重要。

通过诗歌写作，我们可以在实际的创造性思维运用过程中用到刚刚所学的内容。

诗歌——创新思维导图的实际运用

20世纪伟大的英国桂冠诗人泰德·休斯对创造力充满激情，视其为信仰，并称其为"大脑战士"。他掌握了一个极好的技巧来提升创造性思维和隐喻思维，该技巧包括了记忆体系和思维导图。你也可以尝试重复这一过程：

首先，他教会学生使用一种相对简单的记忆体系，目的在于向他们证明联想和想象力在创新性思维中发挥的巨大作用。休斯曾强调，在训练过程中，你使用的意象越离奇（摆脱常规），你的记忆力就会越好。

通过打破阻隔在学生们想象力中的心理屏障，鼓励他们进行发散型思维。这一步与之前思考衣架的用途与40个事物相关联的训练很相似。

休斯给学生两个明显毫不相关的事物，并让他们做思维导图训练，这一步与之前给出"人类"一词并完成思维导图的训练一样。

学生需要从每一个概念关联出10个单词，接着，休斯指导学生抽取第一个概念的第一个单词出来，然后找到与另一个概念周围10个单词之间的关联。下一步转接到第一个概念中的第二个单词，按同样的做法找到与另一个概念周围10个单词之间的关联。这个练习持续到所有组成概念的词汇都与另一个概念周围的10个单词相关联为止。结果发现，许多关联极其不寻常，相当富有创意，也令人激动。

学生的下一个任务就是从所有的思维中选取最好的想法，并利用这些想法确立一个新颖的主题，最终作出一首诗。

休斯最喜欢的练习题目就是把一个概念设为"人"，一个概念设为"动物"

进行并列的思维导图训练。按同样的步骤，第一个概念发散出 10 个想法，第二个概念也发散出 10 个想法，然后找出最吸引人最有意思的关联。

如果是自娱自乐的话，我已经给出了一些"毫无关联的词"，供你在训练创造性想象力时使用。你可以仅仅简单地观察它们，在它们之间至少找出两个关联，或者运用到刚才所介绍的关于写诗技巧的思维导图训练中，写出富有创造性的诗篇。

- 快速的—淡定的
- 典当—财富
- 匹配—配偶
- 星星—趋势
- 走—墙
- 无聊的—平板
- 女王—国王
- 人类—电脑
- 公牛—邮件
- 太阳—湖泊

我曾采用休斯的思维导图法，以《身心思维》为主题，以"身体与思维"为概念词汇，进行了一次诗歌创作。我提取了关键词汇，并将它们进行排序，使得每一个词汇看上去都充满了意义和关联（见图 5-6）。我希望你与我一样，享受这个训练所带来的愉悦感。以下的一首小诗也暗含了我对本书写作意图的一点小总结。

创造力训练

本节是专为你设计的创造力训练。尝试以下训练项目，继续你的创新性能力锻炼：

（1）继续全面使用思维技巧。

（2）摆脱常规，拓展思维。

（3）定期换着花样玩创造性思维游戏——你可以任意选取一个物体，尽可能地找到更多与它关联的事物，就像你寻找衣架的用途一样。

（4）培养幽默感。

（5）请在今后的所有创造性思维运用过程中都使用思维导图。同时，请利用创造性思维思考关于思维导图具有的其他用途！

（6）回顾本书中的思维导图，记忆尽可能多的想法，用来辅助自己在将来使用思维导图时能够有所创新。

（7）积极主动地寻找思维中的"范式转移"，同样积极勇敢地改变那些固有的观点。

（8）让作诗成为生活中的一部分。

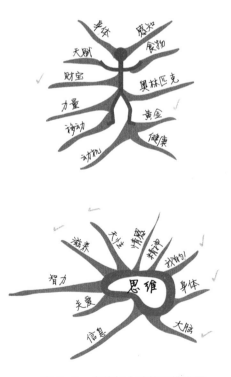

图 5-6　身体与大脑的思维导图

> 我的身体，
> 我的思维，
> 我的大脑，
> 需要食粮。
> 它们是：
> 　　食物、
> 　　氧气、
> 　　信息，
> 　　还有爱。
> 这就是我。
> 滋养我的天性，
> 我的身体，
> 我的思维，
> 使得
> 它们
> 更灵敏。
> 我的身体，
> 我的思维，
> 这就是我的最大财富。
> 我的！
> 我的！！
> 我的！！！

大脑"增强剂"

（1）有意识地训练自己成为一个创造性思考者。

（2）我的大脑建立关联的能力是无限的。

（3）采用该方法，我可以不断提升自己的记忆力和创造力。

（4）我可以使用想象力和关联能力不断提升幽默感。

（5）本质上讲，我的思维是发散性的。我利用该原理去发散思维、认识思维、组织思维，最终产生想法。

（6）我是个随性的诗人。我利用新学到的关于大脑和创造性思维的知识，来帮助自己释放无数的创造性想法。

大脑快速测试答案

（1）否

（2）否

（3）是

（4）否

（5）有趣的是，在本次测试中，通常大家视自己为"平均水平之下"。

（6）与上一个问题类似，大部分人认为自己"低于平均水平"。

（7）（略）

身体虚弱,它将永远不会培养有活力的灵魂和智慧。

让－雅克·卢梭
法国启蒙思想家、哲学家、教育家、文学家

HEAD STRONG

第三部分

强健的身体，
健全的大脑

　　本部分所揭示的大脑运作规律第4条——"成功法则"，将为你解决有可能成为学习中最大困扰的一个问题，即如何学习。幸运的是，博赞先生为你提供了"人生的指针"——成功法则，总结为英文字母缩写TEFCAS，这是一个学会如何学习、兼具实验性和基础性的科学过程；其中的T（尝试）又与大脑运作规律最后一条——坚持不懈，有着紧密相关的联系，它是学习和智慧的引擎，是激发奋斗精神的引擎，是创造天才的引擎。随着对这两条规律的熟练运用，你的学习能力即将出现质的飞跃。

　　同时，本部分也阐述了综合的身体健康状况以及饮食与营养对大脑思维的重要性。疾病、痛苦、饥饿、疲劳，包括感冒时的头晕感和忍受病痛时的注意力涣散，都会影响思维和感受。因此，照顾好身体也是呵护思维的绝佳方法。

chapter six

第 6 章

颠覆性的成功法则——
TEFCAS

本章为你提供一种极简单的学习和成功的秘诀，本章的聚焦点是进行独立学习的你——你会学到所有学习技巧中的最重要的技巧：学会如何学习。另外，在本章的学习过程中，我将继续向你介绍两条关于大脑的运行规律：一条让你了解大脑运行规律的本质，另一条则有助于你提升毅力。

引言

> 如果你想成功，那么，先不断地尝试失败。
>
> 托马斯·沃森（Thomas Watson），国际商业机器公司（IBM）的创始人

> 如果你没有经历过失败，说明你还没有找到通往成功的路；如果你还没有找到通往成功的路，那么你永远无法成功。
>
> 刘易斯·莱尔(Lewis Lehr)，3M 公司前首席执行官

本章介绍给你的这些理论知识和实践活动，不仅适用于个人的独立学习，也适用于学校、公司、组织或世界范围内的大规模群体性的学习活动。在 21 世纪，即"大脑"的世纪，这显得越来越重要。

• • •

你是否在个人学习、身体健康、职场社交中，经历过真正的彻底的失败？

是 / 否

这样的失败超过一次吗？

是 / 否

同样的大错，是否犯过两次？

是 / 否

你会发现，每一个人对于所有这些问题的答案都是"是"。

那么，如何学习的秘诀正在慢慢浮现……

> 从某种程度上来讲，失败是通往成功的必经之路，每一次发现的错误才是真正引领我们走向正确之路的关键，每一个初次的尝试都会帮我们指出错误所在，这些错误是以后必须注意的地方，需要我们谨慎对待，避免再次犯错。
>
> 约翰·济慈（John Keats）

学会如何学习——建立学习目标

理想的学习曲线

就学习本身而言，无论是学习体育、乐器、交流技巧还是数学等，有几个变量是常见的，它们包括：

（1）成功的程度。

（2）用于学习和实践的时间。

（3）进行学习或实践的次数，或称之为"学习尝试"。如果你将它们视为"尝试—次数"，可能会更贴切，因为它们是你在学习进步过程中不断尝试、实践和学习的次数。

（4）基础目标。无论你是第 2 次尝试，第 125 次尝试，还是第 9999 次尝试，始终记得你的基础目标是什么。

记下你通往终极目标过程中的每一个"小目标"。换言之，每当你开始下一次尝试的时候，你能说出这次尝试是为了什么吗？

30 年来，机构的任课老师（包括我）问过来自 100 多个国家的数千名学生这个问题。

答案令人惊讶。无论被提问者的年龄、性别、种族、国籍、受教育水平或者母语是什么，他们所给答案几乎是一样的。几乎所有人的答案都惊人的统一——这还真是一次地球上史无前例的统一！

那么他们的回答是什么呢？

"每一次尝试，都会变得更好。"

你和其他人的答案一样吗？或者说你有不同意见，要成为一个标新立异的人？

如果你决定做出与众不同的选择，那么，恭喜你，你的选择是正确的！因为，最恐怖的事实就是"每一次尝试，都会变得更好"，这个回答不仅错误，还相当危险。它隐藏了毁灭性的协同作用，会促使元-消极思维的产生，世界上超过99%的人在学习中都使用了这种错误的、具有毁灭性的方法。

我坚持认为：包括你和我，没有人能够通过使用这种学习方法获得成功。现在没有，以后也不会有。

那么，什么是正确方法呢？

让我们开始一起探索……

下图6-1显示了成功率随着学习尝试次数增加所发生的变化，这条曲线起点为零，它是一条理想状态下的学习曲线。同时，它也是一个梦想，几乎全世界的人都希望能够获得这样的学习效果。

那么，问题出在哪里呢？事实上，这是一条理想的、平均的学习曲线。一

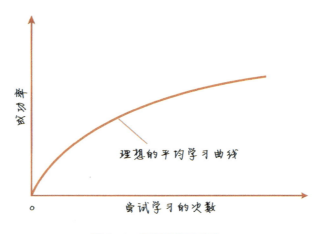

图6-1 理想的学习曲线

条平均曲线是所有个体曲线的总和。然而，每一条个体曲线都具备两大特点：个人的和独特的。它有自己特殊的模式，并且和本图中的曲线有所差异。

我想，所有人包括你都曾经历过和"每一次尝试，都会变得更好"这种模式不一样的过程。现在，结合自己的学习历程，我们来看一下当时到底发生了什么。

我们假设你一开始学习的东西是你颇为擅长的内容。最初，你的水平在平均水平之上。然后，你开始学习，不断尝试，尝试到第25次，再继续尝试到第27次，你现在的水平仍然高于平均水平——在平均水平之上。尝试到第27次的时候，你遇到了非常小的阻碍，但是你意志坚定，并越过了小阻碍。所以你继续尝试到第30次、第40次、第50次、第60次、第70次、第80次、第90次，接着持续到第91次、第92次、第93次、第94次、第95次……

尝试到第96次的时候，代表着你已经抵达了图表左边巨大黑点的位置。这个黑点就代表着学习中的失败！此时那种感觉就好像你在重要的考试中完全失利。

图6-2上有了一个"黑点"——代表一次完全"失败"的尝试。

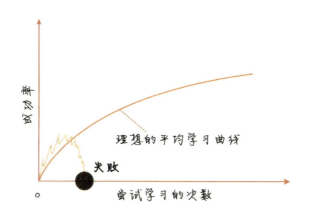

图6-2　天体黑洞学习曲线图——一次完全"失败"的尝试

这就好像在高尔夫球锦标赛中最后一杆发挥不利，导致比赛第一轮就出局，这完全搞砸了你很在乎的一段关系，一下子打破了所有的新年愿望！

每一个人都经历过这样的"失败"吗？当然！在身体健康、个人学习、体育竞技与社交工作中这样的"失败"很常见。那么，每一个人都不止一次有过这样的失败吗？当然！每一个人都有同一个错误犯两次的经历吗？当然！你是不是也有呢？

人们面对失败的语言反应

同样有趣的是，在此时刻，无论是何种国籍与语种，面对"失败"，大家的言语反应是一样的！这些言语反应可以大致分为两种。第一种就是"噢＿＿＿！"类型，你可以在下划线处填上你喜欢的词。第二种则类似于"我＿＿＿"类型，这里填入的词语较为消极，语气更加严重一些。

我：

"出局"

"放弃"

"不能"

"不会"

"不在乎"

"一点也不想做"

"认输"

"是失败者"

"从不尝试"

"没有这样的天赋"

"不会成功"

"只是个普通人"

当你阅读本书至此，你应该会发现最后一条尤其让人不愉快。

这些面对"失败"的反应在全球范围内是普遍存在的。同时，它们也是人在面临失败时内心深处最真实的情感宣泄。

你也可以尝试记下这些当遇到重大失败时人们最常用到的词语或短语。

▎失败——全世界如何反应

在我的人生旅途中，我收集了许多词语或短语用来描述面对失败时人们最常见的反应，并且在下面列了出来。快速阅读这些词汇，看一看能如实表达你在面临重大失败时的主观感受的词汇是否在其中。当你在阅读的时候，思考这些词汇是如何与元-消极思维以及元-积极思维产生关联的，给它们归类，思考它们曾经产生的影响，以及正在对个人、学校及世界各地的组织所产生的重大影响。

愤怒	失去动力的
痛苦	否认
焦虑的	压抑
冷淡的	无望
羞愧的	绝望的
坏的	沮丧的
被打败的	毁坏的
责怪	彻底破坏的
崩溃	减少的
古怪的	失望的
致命的	气馁的
死亡	失宠的
疲惫不堪的	厌恶的
有缺陷的	幻想破灭的
无助的	不满意

意志消沉的	悲痛
无聊的	失去控制的
尴尬的	疼痛的
空虚的	可怜的
白费力气	减少的
耗尽	多余的
疲劳	后悔的
单调的	拒绝
愚蠢的	荒谬的
阴郁的	伤心的
有罪恶感的	自我怀疑
沉重的	自尊心丧失
绝望的	自我憎恨
可怕的	可耻的
羞辱	生病的
受伤	未被社会认同的
白痴	精神受挫
不充分的	压力
无能的	卡住
无法胜任的	愚笨的
下级的	自杀的
没有安全感的	紧张的
发怒的	可怕的
嫉妒的	受威胁的
笑柄	创伤
变弱	不庄重的
孤单的	不开心的
像失败者一样	不稳妥的
悲惨的	不成功的

肮脏的	不值得的
令人作呕的	心烦意乱的
负面的	无用的
没有前途	虚弱的
被抛弃者	没有价值的

上文所罗列的词语或短语全部都是消极且负面的。它们都是元-消极思维的具体表现,为"鲨鱼之嘴"提供了美味的盛宴。

如果我们从中任意拿出几个词来研究,我们会发现它们对思维的毒害比你想象中的还要深,也令人厌恶:

（1）**丢脸的**。丢了-脸面。这其实意味着你觉得失败让你丢了面子。记住,如果你真的这么想,那么它就会成真。

（2）**没有尊严的**。没有-尊严。你不仅会丧失面子,你还会丧失尊严。

（3）**虚弱**。你比之前更小、更弱。

（4）**可耻的**。羞耻的,你的内心充满耻辱,其他情感没有进入的余地。

（5）**幻想破灭的**。没有-幻想。你的幻想即你的想象力,已经被失败带走。

（6）**疲惫不堪的**。力量-下降。同样,你的力量也会被失败带走。

（7）**气馁的**。没有-勇气。勇气全被带走,只留下懦弱和胆怯。

（8）**失去动力的**。动力-下降。动机是你生活得以前进的动力,是促使你采取行动的能量。"失败"让你失去了动力。

（9）**意志消沉的**。意志-消沉。与你的生活动力一样,你的原则、诚信和士气也遭遇同样的困境,变得越来越少,直至消失!

元-消极思维这个犹如毒蛇般的陷阱剥夺了一切欢乐,给我们带来了强大的恐惧。这种恐惧之下到底隐藏着什么?是害怕失败!害怕在学校考试不及格;害怕考不上大学;害怕失恋;害怕身体不好;害怕工作犯错;害怕生活过得不如意,甚至害怕整个人生。

> 恐惧无处不在，它窃取了大家的骄傲……窃取了大家做贡献的机会。
>
> 威廉·爱德华·戴明（W. Edwards Deming）

恐惧是压力产生的主要原因，而人生病有 80% 的原因是来源于压力。我们也可以分析一下疾病（disease）这个单词——（dis）降低（ease）舒适感，由此可见，疾病的状态即大脑和身体出现问题，呈现不舒服的状态。

害怕失败这种普遍存在的现象成了全球健康不佳以及疾病问题产生的一大诱因。威廉·爱德华·戴明——在 20 世纪下半叶如暴风般席卷商界的质量管理专家，他发现：恐惧是降低员工士气、减少公司利润的一大重要原因，消除恐惧是公司和组织机构快速通向成功的一大便捷方式。不过，威廉·爱德华·戴明并不是唯一一个认可这一点的具有影响力的领导。

> 在越来越多人成为企业家的今天，我们必须改变对那些失败者的态度。
>
> 李光耀，新加坡前总理

面对失败这种消极现象以及失败所带来的痛苦，让人们放弃继续学习，这合乎逻辑吗？你是不是认为不合逻辑？不，其实这完全合乎逻辑！我们之前设定的学习目标是，每一次尝试，都会变得更好。那么，是不是意味着第 95 次失败之后，你的目标就是第 96 次即使失败也一定要取得进步，这样才能达到学习目标？

这种情况下，人们一般会选择放弃，把目标转向其他领域，期望可以继续幻想"每尝试一次，会变得更好"。然而当他们尝试到某个点时，他们会触礁，撞上失败这个大黑洞。接着，他们会得出结论：这个领域也不适合"每一次尝试，都会变得更好"。于是，他们不断地继续寻找，继续尝试，最终让目标变成不可实现的梦。

这个梦之所以不能实现，是因为我们的大脑并不是为了"下次变得更好"而存在的！

相反，大脑是为了能更好契合现实的、带有试验性的、探索性的、兴奋的思维模式而存在的，但并不意味着每一次尝试都要变得更好，这就是著名的成功法则——TEFCAS。一旦了解了 TEFCAS，你就会明白学习的本质以及"失败"的真正意义，也将会更清晰地认识到元 – 积极思维是如何在现实生活中发挥作用的。成功法则也可以运用到生活和体育锻炼上，它会帮助你找到快速成功的正确方法。

<h2 style="text-align:center">成功法则——TEFCAS</h2>

▌六步探索成功奥秘

TEFCAS 由六个主要单词的首字母组合而成，无论你正在学习什么，这几个单词都规定好了大脑需要执行的各项步骤：

Trail——尝试

Event——事件

Feedback——反馈

Check——检查

Adjust——调整

Success——成功

TEFCAS 不仅是心理暗示，而且更趋向于现实。无论学习任何事，TEFCAS 都会一步步地引导大脑去执行各项任务。大脑必须严格遵守 TEFCAS 设定的步骤，才能发挥出其优势。

TEFCAS 可以用来检测你的大脑对科学方法的运用和适应性。科学方法是所有伟大科学发现的基础方法。科学方法其实很简单，牛顿曾说过，它与小孩子的游戏相似！要运用科学方法，首先你要从一个问题或者一个设想开始；接着通过一系列的调查，你认真研究从各种实验得出的反馈信息，并检查结果；最后拿实验结果与原先设定的问题或者设想进行核实，并得出能证实假设的结论，或者与假设相矛盾的结论。在此基础上，科学家（做游戏时的孩子也一样）做出调整，继续追求真相，再一次进行尝试。

> 错误是发现成功的入口。
>
> 詹姆斯·乔伊斯（James Joyce），爱尔兰作家、诗人

可以预见的是，人类大脑内部运行的生存机制会让我们寻找一种方法（即 TEFCAS）来探索外部宇宙的内在运行原理。

让我们分别探究 TEFCAS 的六大步骤。

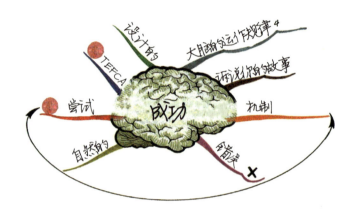

图 6-3 大脑的运作规律 4——成功法则

T——尝试（Trail）

无论学什么，如果不尝试的话，什么都不会发生。因此，你的学习进度可以通过你尝试学习的次数来表示。如果学习杂耍，你一定先要学会扔球；如果学习舞蹈，你一定先要踏出第一步；如果学习数学，你一定先要学会推算新的公式；如果学习写作，你一定要先学会使用标点符号。一旦开始尝试，一定会遇到以下情况。

E——事件（Event）

在练习杂耍的过程中，情况可能是这样的：扔出去的球掉到地上，或者砸到头上，或者落入手里，或者是掉进同事的咖啡杯里！其实，我们根本不在乎球掉到哪里！我想说的是，一旦开始尝试，就会有各种各样的事件发生，

事件发生后，不可避免地，你会收到：

F——反馈（Feedback）

无论你是否想要，通过各个感官，你都会收到许多关于你所尝试事件的反馈信息。这就是为什么健全的大脑以及健康的体魄很重要——你的各个器官可以为你提供越来越多的一手资料。无意识或者有意识的，你的大脑也会吸收这些信息。就表演杂耍这个例子而言，你的视觉、听觉还有触觉反应都将在此过程中变得尤其灵敏。如果球掉进你同事的咖啡杯，他也会给你反馈信息。伴随着这些信息的涌入，大脑会进一步：

C——检查（Check）

信息检查与你设立的目标戚戚相关，因此它是一种主动的、有意识的行为。继续拿表演杂耍举例：大脑会检查你消耗的体能；你抛球的准确度；球的高度、轨道与既定目标是否一致；你的呼吸、姿势动作等是否规范。检查信息结束后，你的大脑将会：

A——调整（Adjust）

你会拿自己的表现与目标做一个对比，为下一次的尝试重新做出合适的调整。在调整期间，你还会考虑潜在的目标。无论你在学习什么，付出了努力后，你的目标之一就是：

S——成功（Success）

无论你做什么，大脑的目标永远是获得成功。你所执行的任务，无论是简单到给自己沏茶，还是复杂到完成人生的终极目标，成功才是你行动的指路明灯！

乍一看，TEFCAS 根本不为犯错留余地。然而，其中却隐藏着一处危险地带——目标的本质。假设目标的本质是消极的，例如"踢你"，或者其他类似的危险行为,再例如"伤害你"——这是我的目标,我依旧想着要"成功"做到。这种目标就曲解了"成功"的定义,得到的信息也会对自己不利。

因此,使用 TEFCAS 法则时,为自己设定的目标必须是积极的。这点至关重要,而且恰好是元－积极思维的表现。

TEFCAS 法则的最后一个步骤如此重要,也让我们推出了大脑运作的第 4 条规律。

▎大脑的运作规律 4——成功法则

大脑的第 4 条运作规律证明,你的大脑是一个"成功"的机制。

在 20 世纪最后的几十年,心理学家和思想家们,诸如伟大的巴克敏斯特·富勒博士(Buckminster Fuller,美国著名建筑大师),曾将大脑描述为"尝试－错误"的机制。这种描述如实反映了大脑主要通过实验和尝试来学习的本质,但也正如上文所提到的,它也存在着一处危险地带:元－消极思维,即大脑由"错误"进行引导。正如这个短语所暗示的,尝试－错误,如此反复的一个机制。一开始,你的大脑就会反复出现:错误,错误,错误,错误,错误,错误,错误,错误,错误……几分钟之内,事情就会以失败告终。

而理想的情况应该是这样的:一开始,你的大脑就会反复出现:成功,成功,成功,成功,成功,成功,成功,成功,错误! 一旦遭遇失败,赶紧检查反馈信息,立即做出调整! 重新引导目标走向成功。

再次尝试成功,成功,成功,成功,成功,成功,成功,错误!("在失败的情况下,赶紧检查信息,为成功做出调整,再次尝试")。再次尝试成功,成功,成功,成功,成功,不断地这样为了成功进行反复尝试。

你的人生就是一段为了成功而不断奋斗,并与未知事件相抗衡的传奇故事。那么,从各个方面而言,你就是一个关于成功的传说。

使用大概一分钟的时间,在大脑内不断重复"消极刺激",来核实上述这些关于情感和元－思维结果的正确性:"我的大脑是一个反复尝试－错误的机制""我的大脑是一个反复尝试－错误的机制""我的大脑是一个反复尝试－错误的机制""我的大脑是一个反复尝试－错误的机制"。一分钟之后,你感觉

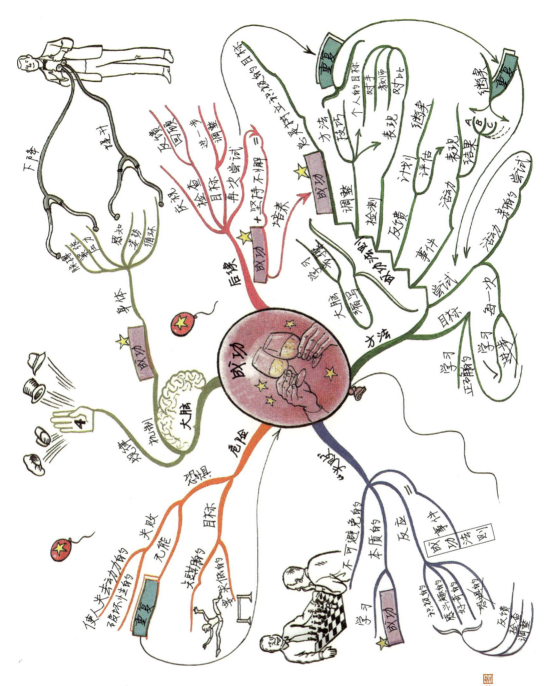

图 6-4
关于成功的思维导图

如何？这样的重复对你的情感、身体、举止有什么影响？

现在重复另一句话："我的大脑是一个成功的机制""我的大脑是一个成功的机制""我的大脑是一个成功的机制""我的大脑是一个成功的机制"，同样，你的身体／大脑又会做出何种反应？

当大脑在重复负能量的时候，它也会逐渐削弱你身体的能量，你会感到精神衰弱，更易恐惧和紧张，心跳加速，压力上升，这对身体健康非常不利。

你的大脑是一个成功的机制。当你感受到获得成功时，身体各处的器官都会舒展开来；你的心血管系统运行将更顺畅，你的心态也会往更加积极的方向发展。

你正是为了成功而来！

确立新目标——正确的模式

根据前一节的内容，让我们再次审视在全世界范围内最广受欢迎的学习目标，"每一次尝试，都会变得更好"，你能找到这句话的错误所在吗？

乍一看，这句话几乎可以当作成功的正确法则，但是，它有一个致命的缺点：那就是"每一次"。你现在也知道，任何学习和探索如果没有尝试、没有试验是不可能成功的。那么，尝试和试验会伴随着什么？风险！那么，当你在面临风险的那一段时期，通常会发生什么？犯错！

如果目标是"每一次尝试，都会变得更好"，那么无论是个体还是群体，谁都不可能保证达成目标，即行动过程中一定避免不了失败！

如果人们抱着这样的消极态度去尝试获取成功，结果只会与期望的目标越来越远。

> 如果我们不犯错，我们就会失去竞争力……而只有当你行动，你才会犯错。
> ——罗伯特·戈伊苏埃塔（Roberto Goizueta），可口可乐公司前董事长

不正确的成功法则会使我们更加惧怕失败，伴随而来的则是"鲨鱼口"般

的元－消极思维。

肯定会有正确的成功法则……

如果每一次尝试不能"变得更好",那么,我们的新目标是什么?

> 每一次尝试,就要有所学。

这个目标与你的大脑运行本质是完全相匹配的,这个结论已被世界上许多伟大的科学家和商业领袖所证实。以下两条名言包含了特别的意义:

> 失败为你变得更加聪明而创造了机会。
>
> 亨利·福特

> 从不犯错的人,从不会尝新。
>
> 阿尔伯特·爱因斯坦

根据TEFCAS这个成功法则以及新确立的目标"每一次尝试,就要有所学",我们现在再来看一下那位可怜的正在求学的朋友,他被搁置在第96次失败的大黑洞这个泥潭里。

回顾一下最新掌握的TEFCAS知识以及与之相关的学习背景,你还会认为这种尝试属于失败吗?不,这并不是失败,因为它没有违背我们新确立的学习目标!那它属于什么?属于另外一种事件。这种事件一定会发生吗?

会!它属于学习过程的一部分吗?属于!与TEFCAS法则的概念、学习和试验相符吗?相符!

如果这些事件是大脑学习过程中自然存在的一部分,且一定会发生,那么,我们应该惧怕它们吗?当然不!如果这件事发生了,我们应该冒冷汗、咆哮、愤怒,然后陷入元－消极思维的漩涡吗?这里再一次明确表示:当然不!

就这样,我们又一次毫无预兆地进入了关于学习的范式转移思维。我们认识到之前所有的面对失败的元－消极反应,包括恐惧、压力和疾病等,都是消极思维的产物。这些反应的产生都是由于错误思维的引导,导致我们走在了不正确的成功法则路上。

▎分析目前大众思维存在的错误

我们已经对TEFCAS法则和学习方法有了新的认知,并且发现了"乱糟糟的"现状,现在,让我们针对之前学习历程中的大黑洞——失败,使用TEFCAS模式来做一个分析。

首先,T(尝试),我们先尝试以"每一次尝试都会变得更好"作为学习模型;E(事件),通过尝试,我们得到了无数个黑点——失败;F(反馈),向大脑反馈元-消极思维的相关信息;C(检查),我们需要对其进行检查,发现它的优缺点;A(调整),对新的学习模型做出调整,找到新的学习模型TEFCAS,以"每一次尝试,就要有所学"为新的学习目标,势在必行地朝着S(成功)发展。

所以,第96次应该采取什么行动?与其沮丧泄气,还不如调整心态,从绝望的感叹转变为更有用的更积极的感叹"多棒啊!"这可以让我们的感官更灵敏,让我们从"失败"中获得更多有价值的反馈信息,就这样,我们得到了与以往完全不同的E(事件)。

许多人曾说,在经历过大黑洞一段时间之后,他们发现:"失败"(事件)

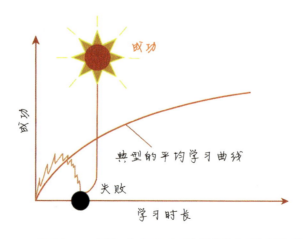

图6-5 上图展示了在学习如何面对及控制失败之后必然的成功

给了他们全新的认知和动力。你是否也有类似的经历？

在检查了大黑洞所反馈的信息之后，下一步要做什么呢？那就是朝着成功这个积极的目标做调整，然后再次尝试。当你处在不断使用 TEFCAS 成功法则追求进步的过程中时，状态时好时坏起起落落是避免不了的。然而，如果你坚持，就一定会跨越过大黑洞，触摸到成功这颗闪耀的巨星。

然而，就算是成功也会暗含危险。有些人因为太享受胜利带来的喜悦而拒绝再次尝试，因为他们害怕自己再也找不回那种成就感。有些人则把目标设置得太低，其中大部分是短期目标，一旦目标完成，他们就会突然陷入无望，因为他们发现自己没有动力了。

> 其中一个最好的例子就是在一次奥林匹克运动会 400 米比赛的半决赛中，一名跑步运动员成功晋级到决赛。半决赛结束后，国际电视台的记者对他进行采访。他极其兴奋地感慨："太神奇了，太棒了，我一直想冲进奥林匹克决赛。进决赛是我的梦想。"采访结束后，他就兴高采烈地继续参加决赛。
>
> 你觉得决赛的结果是什么？最后一名！为什么？因为他的身体和大脑已经引导他达到目标——进入奥林匹克决赛。目标已经实现了。只要进入决赛，决赛中名次怎样都无所谓——他甚至可以在比赛中步行，因为他已经"成功"地参加了决赛。在决赛中，你会发现他完全没有了之前想冲刺进入决赛的那种巨大动力。

在你取得巨大成功之后，TEFCAS 成功法则会告诉你接下来应该做什么。显然是庆祝。接着，你每尝试一次，就对自己说"太棒了！"。检查每一次尝试的结果，尽你所能地收集所有有价值的信息，根据你更深远的目标做出调整，然后再尝试。

▎学习的停滞期

在使用 TEFCAS 成功法则的过程中，你将会在某个阶段进入平稳期。在此期间，尽管你不断地尝试，尝试，尝试，再尝试，可无论如何努力，你的表现几乎都是一样的，这个平稳期可能会持续数周、数月，甚至数年。这种情况通常会在体育运动员身上出现，或是在学术领域中。例如一名理科生，语文、英语可能经常处于"C"级别，物理、化学等经常处于"A"级别，历史则处于"D"级别。

不间断地尝试却持续没有进步，这会让你觉得没有希望。此时，一个微小黑洞——元–消极思维就会出现，例如"我已经抵达巅峰了""我继续学习下去的意义何在""我真的不再擅长干这个了"诸如此类的消极思维开始慢慢占据你的大脑。

不要担心！

你现阶段所经历的正是停滞期。像失败和成功一样，停滞期是我们学习过程中出现的自然现象。在这个阶段，与你想象的相反，你的大脑还是会很活跃。它可能会做许多事情，例如：把目前所学的一切整合起来；巩固知识，加强实践；归类、整理学习过程中出现的大量数据。还有一点很重要，也很值得一做，那就是：休息一下，恢复体力和精力。

遇到这种停滞期，我们经常会犯的错误就是以此来推测未来也会如现在一般单调，没有丝毫值得期待。这样做其实是走向了错误的方向。

其实此刻需要做的就是回顾过去所学，这样你就会注意到学习曲线有了不

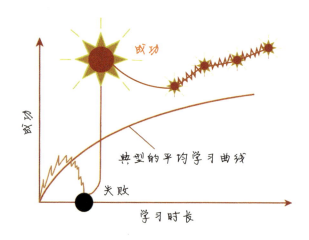

图 6-6 上图展示了在学习如何面对及控制失败之后必然的成功

寻常之处：长久以来，我们第一次发现学习曲线有平稳的趋向。

这一点发现具有重要意义，这就意味着你尝试那么多次，都没有在这个停滞期下滑，这也意味着你现在已经建立了新的更高的基准。它为你提供可靠的稳定性，你可以以此作为你进入下一个阶段，取得进一步成功的跳板和发展平台。

当你抵达这个小黑点，TEFCAS 成功法则立刻告诉大脑：你应该做什么？答案是反馈信息！在这个阶段，你可以提高学习强度，强化反馈信息体系，做许多事情来辅助自己打破常规，为进一步的胜利奠定基础。你可以：

（1）加入相关的学习小组。

（2）参加高阶课程。

（3）订阅学习科目的杂志。

（4）与朋友进行沟通和交流，并获得他们的反馈信息。

（5）进一步阅读与这个科目内容相关的书籍。

（6）录制自己的学习视频，分析自己的表现。

（7）向你的亲戚、朋友、同事咨询，看一下他们是否有认识的专家，可以联系到这些专家帮助你。大部分情况下，他们也很乐意帮助那些对自己领域感兴趣的人，会友好地提供建议。

获取这么多有用的反馈信息后，你再一次运用 TEFCAS 法则尝试。你吸收了所有新的反馈信息，调整自己为成功奋斗的目标，接着，再次尝试。

如果你继续坚持使用 TEFCAS 成功法则并且不间断地尝试，那么最终一定会收获更多成功。如果你看到图 6-6，它会使你记起许多关于成功的名言，这些名言随着时间的流逝并没有消逝，而是逐渐流传开来：

（1）成功孕育成功

这句话并不是说你成功后就可以当甩手掌柜，例如"我已经成功了，我只需要观望，不需要再插手，就可以再次成功"。相反，这句话是说，一旦你成功了，你需要更努力，下一次的成功才会变得更加容易。

（2）一顺百顺，一通百通

随着学习难度的加深，你会不断发现：没有什么可以像成功一样接踵而至。记住，不断重复一件事会提高这件事成功的可能性。你的大脑是一个成功的机制！

（3）如果没有成功，那么请尝试，尝试，再尝试

有一点值得注意，这句话不是在说"如果没有成功，那么再试一次"。这两句话的细微差别在于"再试一次"与"尝试，尝试，再尝试"，传承这些名言的老一辈的智者早就意识到成功与失败之间的差异。一味地去"尝试"却失去了最重要的内涵：元－积极思维。这让你缺乏对每一次尝试的结果做出分析的动力，也让你缺乏不断尝试下去的动力和决心，它仅仅是一次性的尝试！

而"尝试，尝试，尝试……"意味着你已经把尝试当作理所当然的事，你会不断地尝试……

> 不要批判那些尝试了却失败的人，相反，要去批判那些不敢去尝试的人。
>
> 托马斯·亨利·赫胥黎

通过观察这些成功的励志名言以及 TEFCAS 模型，你可以发现在整个过程中，有一种类似成功法则的精神发挥了重要作用，它也是另一条大脑的运作规律：坚持不懈！

大脑的运作规律 5——坚持不懈

> 如果你从不放弃，你就会成为人生赢家
>
> 约翰·阿赫瓦里（John Akhwari），墨西哥奥运会马拉松比赛中最后一位抵达终点的选手，即使筋疲力竭，严重受伤，他还是坚持跑完了全程

坚持不懈通常不被看作是智力的一大特征，甚至被认为是与智力相反的一个特质。而且那些坚持不懈的人经常会被贴上诸如"顽固的""不懂变通的"的标签，或者被冠以各种"头衔"："猪""公牛""愚蠢的""难懂的！"……

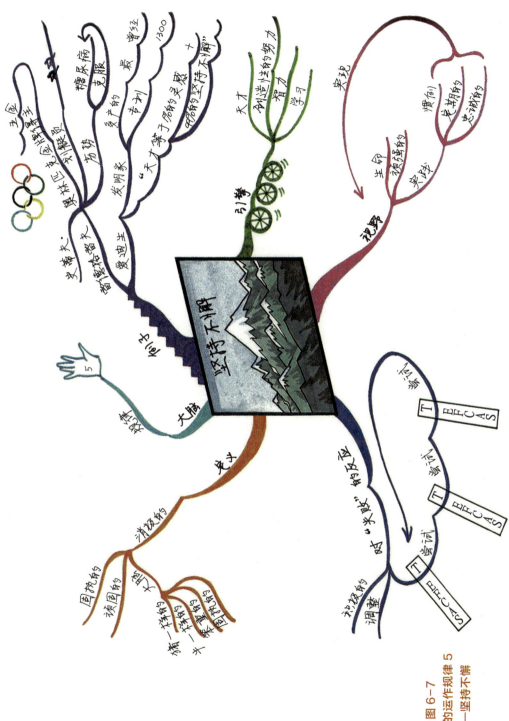

图 6-7 大脑的运作规律 5 ——坚持不懈

其实，事实不是这样的，真理往往隐藏在表面之下……

坚持不懈其实是学习与智慧的引擎，是激发所有创造性努力的引擎，是缔造天才的引擎。最重要的是，它是 TEFCAS 法则中的"T（尝试）"。

在过去的 300 年里，最具创造力且富有成果的发明家托马斯·爱迪生很好地总结了坚持不懈的重要性。在申请专利登记方面，爱迪生所拥有的数量是最多的，他以发明了灯泡（还有许多其他发明）而闻名，同样，作为天才，他的这句名言也广为人知：

天才是 1% 的灵感加上 99% 的汗水

汗水 = 坚持不懈！

历史上著名的史蒂夫·雷德格雷夫爵士——英国高级勋位获得者，连续获得 5 届奥运会赛艇冠军的他，可能是坚持不懈的最好的榜样之一，他把坚持不懈当作训练的原则，练就了最棒的身体和大脑。在接下来的阅读过程中，你会发现，他几乎成功运用了大脑运行的所有规律。

坚持不懈和"最杰出的奥林匹克运动员"

在 2000 年的悉尼奥运会上，有一名运动员是所有人中的佼佼者，他就是史蒂夫·雷德格雷夫。雷德格雷夫不仅在同时期的优秀运动员中卓尔不群，而且也是奥林匹克运动史上所有伟大运动员中的杰出者。

这是为什么呢？

因为他有远见并坚持不懈地完成日常训练，让"不可能"变得"可能"。

年轻的时候，雷德格雷夫并没有特别聪明，也没有人期待他能在这个世界上做出什么惊天成就，但是他却在赛艇这项运动中"发现"了自己的天赋。

赛艇被视为所有运动中最艰巨的运动之一，因为它要求运动员在训练上必须特别投入，此外，对运动员身体素质的要求严格到难以置信。与其他运动不一样，赛艇运动要求运动员的身体要满足三点：有耐力、灵活、有力量。能做到这三点并长期保持，付出的辛苦是令人难以置信的。

拿标准训练的一天来举例（请记住一年365天每天都是如此）：早上5点起床，接着在河上进行赛艇训练2个小时。早餐之后可以休息一下，然后花1~2个小时来回顾自己的训练并计划下一次应该如何训练。午餐之后会进行另外一个阶段的练习，地点设定在体育馆或者赛艇上，接着，又可以休息放松一下。下午的训练在户外水上，是一场持续2~3个小时的长途赛艇训练。

22岁的时候，雷德格雷夫已经致力于这项训练4年了，在洛杉矶奥运会上，他赢得了人生中的第一块金牌。

4年后，在1988年的韩国首尔奥运会上，他又坚持了一个4年的训练，并赢得了第二块奥运会金牌。

到1992年的巴塞罗那奥运会为止，他再次坚持了一个为期4年的训练（至此他已经坚持训练了12年！），并赢得了第三块奥运会金牌。

仅仅是听他训练的故事，你都觉得浑身筋疲力竭吧？

到1996年，雷德格雷夫又投入了4年的训练（他已经坚持训练长达16年！），并获取了第四块奥运会金牌。

到此为止，很多人都觉得史蒂夫·雷德格雷夫是有史以来最伟大的奥运会运动员，因为之前从没有人在这种考验耐力的体育运动上连续获得四枚金牌。然而，他还不满足。

思考一段时间之后，他决定在同一级别的训练上提高强度，继续4年的训练（总共20年的训练！），他想要在悉尼奥林匹克运动会上夺取第五块金牌。训练任务更艰巨了。距悉尼奥林匹克运动会还有一年，雷德格雷夫已经37岁了（对于顶级的赛艇运动而言，这个年纪常被视为"下滑"时期），而且他被诊断出患有严重的糖尿病，训练的时候，他一天得注射6次胰岛素加强治疗。

哪怕肩负如此大的压力，史蒂夫仍然坚持不懈地训练，他在悉尼奥林匹克运动会上夺取了第五块金牌。

在这 20 年非凡的训练中，人们看到的是，从当地划船赛，到国家级锦标赛、区域锦标赛、世界级锦标赛，直至奥林匹克运动会，史蒂夫参与的所有的比赛，包括各类资格赛、四分之一决赛、半决赛、决赛，他从没有被打败！更重要的是，每一次奥林匹克运动会中，他都在与不同的船队比赛，与不同的船员比赛。而人们通常会忽略他日复一日、年复一年的难以置信的加强强度的训练——其实，史蒂夫本身就代表了成功要素。

在赛艇运动中，有一句座右铭是大部分赛艇运动员信仰的，那就是"训练出冠军"。这就说明：无论是水上还是陆上，坚持不懈地训练就是通往奥林匹克金牌的"秘密武器"。

史蒂夫·雷德格雷夫正是坚持不懈通往成功的一个很好的例子。卓越的远见让一个本没有希望成为"奥林匹克运动史上最伟大运动员"的小孩最终蜕变为一名佼佼者，成为本书中的一颗璀璨之星，一个成功的案例榜样。无论是在心智上还是体魄上，史蒂夫·雷德格雷夫的聪明和令人难以置信的毅力都得到了大家的认可，他被授予了诸多殊荣，其中一个就是爵士封号。

现在，你已经感受到了成功法则 TEFCAS 的重要性，它是对关于学习的科学手段的完美诠释。同时，这个成功法则很完美地反映了另外两件事：

1. 大脑细胞及其关联、想象与学习的方式。
2. 元－积极思维。

关于本书之前提到过的所有训练，建议你运用这个成功法则再做一次。

从现在开始，重视学习方法和行动措施，抛开害怕失败的消极想法，你正在运用大脑运行规律的第 5 条——坚持不懈来尝试做一切事情，每一次尝试没有失败，都是你学习的过程。

你在本章所学到的关于成功法则的内容将在后面三章得到实践性训练！

> 我们要敢于挑战强大的敌人，即使会失败，也要争取胜利，获取光荣，这远远胜过那些不敢挑战的人，因为这群缺乏挑战精神的人既不会遭遇失败，也不会享受挫折，他们只停留在过时的暗淡的黄昏中，既不懂胜利的喜悦，也感受不到失败过程中的奋进与拼搏。
>
> 西奥多·罗斯福

大脑"增强剂"

（1）我自己本身是基于尝试与成功的存在。

（2）我鼓励自己从成功中孕育成功。

（3）如果要玩一个关于"坚持不懈"的游戏，我将给自己取名"坚持不懈"。

（4）在学习的过程中，我不断检查学习进度。

（5）我认真分析各个感官给我带来的反馈信息，保持身体健康，不断做出调整，并保持高度警惕。

（6）我设定的目标不断往积极的方向发展。

（7）我的终极目标是为了成功。

chapter seven

第 7 章

开发并充分利用
你的身体

在本章中,我将围绕运动健身这个主题为你介绍与之相关的四大核心要素:体形身姿、有氧运动、柔韧度与肌肉力量。我会给每一个核心要素下定义并做适当的扩展延伸,让你不仅能够了解其定义,还能通过相关的基础练习来巩固技能,从而更好地掌握技能,取得成功。

引言

> 国民具有健康体魄是社会进步最基本的要求。若一个国家的公民身体健康，他们就会做更多有意义的事情。随着健康水平的不断提升，幸福感也会随之上升。
>
> 马克·拉兰德（Marc Lalonde），加拿大国家健康与福利部部长

> 在给病人做心脏手术之前，我总是要先确认一下病人的大腿肌肉状况。如果大腿肌肉是结实的，我大致能确定他在手术结束后心脏跳动将会强劲而有力；如果大腿肌肉是松弛的，即使通过了手术，他的心脏状况也不会有太大的改善。
>
> 保罗·达德利·怀特医生（Dr. Paul Dudley White），艾森豪威尔总统的心脏医生

你是否曾经怀疑过，甚至可能取笑过养生或健身类书籍及杂志上那些"夸张"的描述？从心理方面来说，它们承诺，健康的体魄将会使你：

- 变得更加自信、自强和自爱
- 吸引到更多的人
- 更好地提升社会关系
- 获取家人、朋友、同事和大部分人的尊敬
- 更容易找到好工作
- 缓解精神压力和紧张感

从身体方面来说，它们再次承诺，强健的体魄将会：

- 给予你更强壮的肌肉
- 形成更强壮、更有韧性的骨骼
- 促进血管健康
- 大大地提升你的肺活量
- 降低患病的概率，例如糖尿病、骨质疏松症、关节炎以及癌症
- 降低身体受伤的概率
- 强化心脏，使之更健康

它们凭什么保证这种好事会发生？

因为，事实的确如此。

从20世纪后半叶的几十年到21世纪开端的几年间，我们在最大化提升健康水平、了解身体功能及如何内外相结合地锻炼身体等方面取得了巨大的进步。在本章中，我会引导你完全地认识自己的身体，学会如何照顾好它，并充分发挥它的优势。

聪明的大脑离不开健康的身体

关于身体和大脑的最新研究

随着新世纪与新千年的到来，所有心理学和医学研究结果都证实：身体健康的人在所有的心智测试上，方方面面都比身体不健康的人得分高。假如你在身体状况欠佳时进行心智测试，然后在身体状况良好时再次进行测试，你会发现后者相比前者，分数有很大的提高。

反之亦然，类似的研究测试也给予了证实。平均来看，成绩一般但心智技能测试得分较高的孩子身体普遍要比得分低的孩子更健康，控制情绪的能力更强，性格也更乐观开朗。

为了让这个好消息听起来更加可信，对创造性天才的研究测试再次证明

了这一点：他们的身体状况与公众所猜想的孱弱截然相反。他们不论过去与现在身体都相当健壮，生活有组织有规律，能量满满，朝气蓬勃且强壮有力。在精神上和肉体上，他们都展现出巨大的毅力。

现在让我们为这个理论画上圆满的句号。正如希腊人和罗马人所说，mens sanna in corpore sano（聪明的大脑只存在于健康的体魄中）。

但是，现在越来越多的研究把身体与大脑分开，将大脑当作单独的对象进行研究。这种将身体和大脑当作两个独立部分来分别研究的做法只会适得其反，会使大脑与身体之间的协同效应几乎发挥不了任何作用，也会因此失去超过99%的可能存在的有益功能。

分别研究身体和大脑各自的功能和生物性以及相互之间的关联是很重要的。然而更重要的是，我们要把心理学、生物学、解剖学和生理学等知识相结合，以身心科学（Holanthropy）为研究的根本。这是身心科学这一概念首次出现在本书中。准确来说，身心科学（源自希腊语，意思是"整体"和"人类"，即泛指"人"）就是对全体人类进行研究，也就是你！

在接下来的几页内容中，你会发现一些神奇的事迹，这些事迹是关于你的身体构成以及大脑和身体相互之间的奇妙关联。

现在我们就开始一起探索吧。

下面方框中的内容展示了一些关于你的身体和大脑的最新研究成果，证实了你"活着"的奇迹。

- 每个人都是由父亲的4亿个精子中的一个和母亲的一个卵子结合产生的。这些卵子体积很小，需要200万个才能结合成橡子那般大。
- 现在地球上大约有70亿人，但神奇的是，每一个人与其他人都不一样。
- 精子与卵子之间基因相互组合能形成的不同个体数量很多，能够保证创造出的300万亿人的基因都不相同。
- 人的每只眼睛包含1.3亿个感光体。每个感光体每秒至少可以接收5张照片。瑞士粒子物理研究所估算出需要价值6800万美元的设备才能复制出你的一只眼睛。

- 人的耳朵包含 2.4 万条纤维，可以探测极大范围内空气中分子振动产生的细微差别。
- 人类的嗅觉可以识别出空气中 1 万亿种化学物品的气味。
- 为了让身体移动、运动并感知周围环境，人类的身体拥有 200 块精妙复杂的骨头，总共 500 块肌肉以及 7 英里（约 11.27 千米）长的神经纤维。
- 人类一年的心跳次数总计大约是 3600 万次，相当于给 60000 英里（约 96560 千米）的血管、动脉、静脉、毛细血管供给 60 万加仑（约 2271 立方米）的血。
- 人类的肺部有 60000 万个存储空气的肺泡。
- 人类体内循环的血液包含 22 万亿个血细胞。每一个血细胞都由数百万个分子构成，每一个分子包含数个原子，每一个原子每秒钟至少振动 1000 万次。
- 每秒钟有 200 万个血细胞死亡，它们随即会被 200 万以上的血细胞取代。
- 大脑包含数百万个神经元或者神经细胞。
- 大脑包含 1 万亿个蛋白质分子。
- 大脑内部可生产的思维数量是在 1 后面写 0，如果把它比喻为"思维地图"，那么可以一直写到 1050 万千米那么长。
- 每个人体内都有 400 万个对疼痛敏感的传感器。
- 每个人体内有 50 万个接触式传感器。
- 每个人体内有 20 万个温度传感器。
- 如果将人体内的每个原子的原子能都开发出来，其能量足够支持建造世界上最大的城市无数次。
- 不断有研究表明，大脑的创造能力和记忆能力是无限的。
- 你的嘴巴是整个星球中最精密的化学实验室，它能分辨酸甜苦辣等味道，灵敏的味觉可以辨别出超过 10 亿种不同味道之间的细微区别。

如何提升自己的身体素质

假设在 15 岁的时候，地球上的每一个人被赐予一个盒子，盒子里装有一个非常漂亮的人形雕像，并附带以下指示：

> 这个雕像是你生活健康、幸福的纽带，它实际就是你的命脉。雕像的制造材料很敏感却又有难以置信的韧性，它要求你每天花 30 分钟来维持它良好的状态，这个护理需持续 100 年。如果能维持雕像的良好状态，那么你本身也将保持同样的状态。这个雕像若有任何毁坏，你的身体也会即刻产生类似的反应。神奇的雕像是无价之宝，也是无可取代的——若丢失或者毁坏了的话，你将会死亡。

你觉得大家对这个雕像会有什么样的反应？

显然，我们会把它视为地球上最珍贵、最有价值的宝物，敬畏其具有的掌控生命的强大能力，我们会花时间与金钱来保护这个雕像，让它得到应有的尊重。

正如身体才是大脑的堡垒、保护者、运输系统和营养提供者。实际上，让这个雕像维持良好状态，就是维持良好的身体状态，忽略它或者虐待它，就等同于忽略自己、虐待自己。

接下来的内容会从各个方面描述关于健康的知识，为你提供指导，帮助你学会如何使用最有效、最愉悦的方式提升身体素质。

但是在进入训练之前，我们先要打破目前盛行的一些错误观念。

（1）错误观念：聪明的人身体不健康，身体健康的人不聪明。

事实 / 真相：聪明的人身体健康，身体健康的人更聪明！

首先需要指出的是，上述错误观念是基于两个世纪以来人类将大脑和身体当作两个独立的个体而产生的。当时人们非但没有认识到身体健康和聪明之间的正确联系，反而认为它们是负相关的：聪明的人身体孱弱，体格健壮的人不聪明。

直到 20 世纪末研究人员才取得突破性发现：大脑和身体实际是相关联

的。它们不仅有关联，还是一个整体，是结构复杂的一对。其中一个受影响的话，另外一个也会深受影响。这一点会在本章节以及接下来两个章节中进行详细描述。

记住，如果你对大脑进行训练，那么它对你的身体会产生积极的影响；反之，如果你对身体进行锻炼，那么它对你的大脑同样也会产生积极的影响。所以，当你遇到一个并不是特别聪明的运动员时，那只能说明他如果不是运动员则会变得更笨。

（2）错误观念：要保持身体健康，你所需要的仅仅只是做有氧健身运动。

事实／真相：是的，你的确需要有氧运动（见170页）。但如果你真的想要拥有一个健康的体魄，还需要同时满足其他三个条件：体形身姿、柔韧度和肌肉力量。

（3）错误观念：只要坚持体育锻炼就好，无须考虑饮食摄入。

事实／真相：如果营养跟不上，身体就满足不了高强度训练的要求，在这种状态下，体能耗尽只会给自身带来伤害。

不仅如此，还有一个显而易见的事实：在你锻炼身体的时候，身体所需的能量比平时要更多。因此，如果真的要锻炼身体，你最好事先做好全面的准备来满足身体所需的能量。

如果你想取得好的训练效果，最大程度让身体受益，均衡的膳食非常重要。

（4）错误观念：锻炼的时间越久越好。

事实／真相：为了达到最佳的锻炼效果，每次锻炼时间应控制在20~60分钟。如果锻炼时间过长，就会给身体和大脑施加过大的压力，产生不必要的损伤。

（5）错误观念：你这种体形是甩不掉的，你尝试着改变的意义何在？

事实／真相：当然，体形是天生的，然而锻炼身体、让身体健康不是为了尝试"改变"——而是塑造和提升它。

你可以塑造你的身体。

近来，各种各样的健身训练向我们展示了每一个人的身体都有着让人难以置信的适应能力。想象一下相扑运动员、马拉松运动员、健身爱好者、厌食者、老泡在电视机前的人、体操运动员、喜剧演员。每一个人只要肯坚持，就会发现塑造出一个自己渴望的体形（当然，有时候也不是自愿那么做的——想想那个体重 300 磅的东尼）甚至比雕刻大理石还要容易。你的身体是有一定适应能力的，你只需要给它一些合理的呵护，就能轻轻松松改善它的状况。

> 提高身体的综合素质意味着你即将从疾病中恢复过来，当然，你的心理也会更健康。要做到这些，其他条件也很重要，例如合理的肌肉锻炼、关节的柔韧性、足够的肺活量、心血管的存血功能、持久力等。持久力在此代表着身体承受压力的能力，这是身体具备良好心肺功能的表现。
>
> 　　　　　　理查德·博安农中将（Lt. General Richard L. Bohannon），美国空军军医处处长

运动的四大要素

想要锻炼出健康的身体，主要有以下四点需要注意：

- 体形身姿
- 有氧运动
- 柔韧度
- 肌肉力量

体形身姿、有氧运动、柔韧度、肌肉力量这四点中的每一点都非常重要，忽略其中任何一点都有可能达不到想要的效果。如果同时做到这四点，那么结果必定让你满意。

体形身姿

体形身姿指的是要做到优雅得体，包括随时保持镇定和体面，这代表着你处于宁静平和的状态。

举止优雅这一特性一度被认为只有那些"受上帝眷顾"的人才有。后来我们慢慢发现，实际上每一个人天生都拥有这个特点。我们能够意识到这一点得益于马赛厄斯·亚历山大（Matthias Alexander），他为世界创造了一种名为"亚历山大"的正确身姿，并且他被人们视为20世纪最具智慧的人之一。

他的故事非常有趣。当你阅读这个故事的时候，可以思考一下你能从亚历山大的发现中获得关于身体素质以及生活方面的哪些启示。

（1）令人振奋的故事

马赛厄斯·亚历山大于1869年出生于塔斯马尼亚。亚历山大对莎士比亚特别感兴趣，学习了相关的戏剧与表演课之后，他开始一个人出演莎士比亚的作品。他表演得很出色，他的声音富有感染力，他的舞台表演水平很高，台风很好，因而赢得了良好的口碑。

后来，他的身体出现了问题……

那是在某一次演出中，一开始并没有出现任何状况，但是当进入到中间某一幕时，亚历山大发现自己的声音沙哑了，表演将要结束的时候，他感觉相当不适。

由于这种状况会"威胁职业发展"，亚历山大开始向戏剧老师、声音训练师和医生寻求建议。医生给他开了内服外敷的药丸、冲剂、镇痛软膏，并建议其换居住环境，保证良好的休息。亚历山大尝试了各种治疗方法，但令人抓狂的是，每次演出都会在同一个点出现声音沙哑的问题，最后，在一场极其重要的演出中，依然出现了这种窘境。

亚历山大又咨询了自己的主治医生，医生让他在演出前给自己的身体和嗓音休息两周，亚历山大谨遵医嘱执行了。

但结果在表演中情况又是如何呢？

事实证明，在同样的时间点，他的声音还是出现了沙哑的情况。亚历山大非常愤怒地去质问了那位医生，结果医生只是让他延长休息时间。接下来发生的事，让所有的专家、医生都没有预料到，亚历山大决定要成为自己的医生！

他自己已经注意到一点：在和朋友、同事的对话中，他可以讨论、争辩，哪怕压低或提高嗓门连续几个小时都没问题，也不会沙哑。因此，亚历山大想到，出现问题的原因必然是表演时自己因为做了某些事，从而造成对声带产生了不好的影响。

若使用前文所说的 TEFCAS 法则来分析，亚历山大已经进行过"尝试"。他经历了这样的"事件"——出现声音沙哑，他也收到了"反馈"——专家和医生无法解决他的问题，而他的问题是因为表演时的某些因素造成的，他现在决定要好好检查一下自己。他给自己买了一个全身镜，并做了自我检查。首先，他会和自己聊天，就像和朋友聊天那样，随着谈话的继续，亚历山大很快就发现他在谈话期间，整个身体的每一部分都参与其中，尤其是脖子和喉咙部分，还有头部、胸部、腹部和后背。

接着，亚历山大开始在镜子前表演说台词。很快，他又再次发现身体的每一部分都参与其中。通过这种方式，他了解到自己是如何"利用身体"发声的，同时，他也察觉到一些"异常"之处。通过平时的训练以及自己关于正确姿势的推测，亚历山大发现了自己表演时体形身姿上存在的一些问题：

- 胸部突出；
- 绷紧脖子，导致表演时头部经常向后或向下压；
- 压紧声带，限制了声带发声；
- 背部向前或向下挤压；
- 吸气的时候很紧张，还不断喘气；
- 全身紧张，脚踝关节、膝盖、臀部和肩膀都很僵硬。

因此，他在表演时会出现声音沙哑的情况就一点也不足为奇了。

由于这些惊人的发现，亚历山大开始着手于研究训练方式、思维状态、行为举止和身体动作是如何对自己的表演产生如此巨大的影响。亚历山大设

第 7 章 开发并充分利用你的身体

置更多的镜子,对自己的研究更加专注。他发现,只要脑海里想着"放松脖子",他的脖子就会更自如,头部也可以向上或向前"自由移动",后背可以伸长、变宽,以上这些都得益于大脑思维的控制,他将其称之为"首要控制"。

当身体调整到这种状态,亚历山大开始注意到自己的声带发音也变得更自然,呼吸自如,身体移动时关节更放松,更舒展。

更重要的是,亚历山大发现自己的发音得到了很大的提升。他不断意识到体形身姿的重要性,并将其运用到表演中,现在,亚历山大又带着热情回到了舞台。他以崭新的姿态,更具感染力的表演赢得好评无数,不断受到他人褒奖,亚历山大从此以"好声音"而闻名。

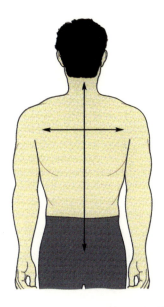

放松脖子,头部就可以自由地向前、向上伸展,后背自然放松,纵向延长。

图 7-1 不正确的姿势　　　　　　7-2 "首要控制"

> 认为并知道"能力"这种东西是与生俱来的人,会果断地选择思考,引导自己走上正轨,通过树立正确的姿势掌控自己的身体,最终创造奇迹。
>
> 拉尔夫·瓦尔多·爱默生(Ralph Waldo Emerson)

亚历山大的成功演出促使一大堆人奔向他寻求关于体形身姿的指导意见，其中甚至还包含一些业余剧团的私人医生。他们看到亚历山大自我治疗的神奇效果，尤其是舞台表现效果，也注意到其塑形后身体越来越健康。这些医生让自己的一些病人向亚历山大寻求治疗方法，尤其是那些"长期"抱怨呼吸问题、关节问题、压力问题、后背疼痛、脖子疼痛以及周期性疼痛等问题的病人。神奇的是，那么多的病人，在亚历山大本人给他们展示了如何协调身体和大脑的新方法后，病情都取得了非凡的进展。

在长期的自我检查过程中，亚历山大还有许多其他重要的发现，以下两条发现与本书密切相关：

1）亚历山大之前在舞台上的表演姿势是一种身体行为习惯（即前文所提到过的影响力巨大的坏习惯），即使这些行为和姿势是不正确的，但是自己的身体却觉得"正常"和"自然"。

换言之，亚历山大发现：通常我们所谓的"感觉良好"，事实上并不一定是对的。例如，我们觉得自己站得笔直，事实上，我们的平衡度并没有拿捏好；又或者，我们觉得自己在步行或跑步时身体是笔直的，事实上，我们的身体是偏斜的。

亚历山大认为：应该更客观，而非仅仅"感觉良好"地对待自己身体的平衡度和姿态。

2）在确定某些身体姿势和身体行为习惯具有更好、更自然的表现后，基于自己观察到的这些事实，亚历山大决定改变旧习。

但是，他发现他做不到！在治疗训练的过程中，他发现影响力巨大的坏习惯已经在自己的表演过程中扎根，包括对舞台站立、行走甚至表演都产生了很大的影响。

不过，亚历山大很快发现了，影响力巨大的坏习惯之所以占主导地位，是因为它在时间和影响力上都占据上风。为此，亚历山大开始想方设法培养新的好习惯，以培养自己良好的姿态。

同时，他开始注意其他人的姿态、姿势以及动作定型，根据这些，可以估测到身体存在的某些问题。例如，所观察的这个人是一个跑步运动员，他注意到这个人不断以歪曲的姿态步行或者跑步,头有一些偏左。根据这些特点,亚历山大推测这个人的左臀、膝盖或者脚踝可能有问题。为什么?因为如果重达20磅的头部往左偏移,当你身体移动,尤其是跑步时,你觉得身体哪一部分要承受这偏移的重量呢?显然,是身体左侧的"连接关节"。

> 身体就是记载我们自身历史的传记。
>
> 弗兰克·吉勒特·伯吉斯(Frank Gelett Burgess)

(2)良好身姿的重要性

如果在极限状况下,体形身姿的重要性就更加显而易见了。

像许多人一样,如果你每天坐着的时间超过6个小时,并且姿势歪歪斜斜,这时,你可以想象一下身体会发生什么样令人惊异的变化:

1)身体所有的内部器官受到挤压,蜷缩进有限的空间。最后的结果是:迅速直接地影响到你身体器官一些主要功能的发挥,例如平衡性与肌肉力量,对身体状况产生负面影响。

2)肺活量急剧下降,直接促使你呼吸短促,喘气,导致身体器官和大脑供氧不足。

3)心血管系统受影响。这种懒散的坐姿会使得你重要的动脉和血脉血管收缩,就好像给所有重要的血管夹上"夹子",同时,也会给心脏增加压力,因为要让血液通过这些狭小的缝隙,心脏必须加速跳动。

4)神经受影响。与心血管系统受影响的原理一样,歪歪斜斜的坐姿使神经受到压迫,神经传递速度减缓,而且可能引发神经疼痛的产生(坐骨神经痛,脊椎底部延伸至大腿背部的阵痛通常就是由于坐姿不当引起的)。

5)肌肉劳损。身体一旦"失去平衡",你的肌肉就需要超负荷运行才能继续维持身体的平衡。

同样道理,当你在做有氧运动的时候,如果身体失去平衡,你会觉得不舒适,最终有可能会受伤。那么,对肌肉而言,提升运动、拉伸或举重训练,也是一样的道理。

如果姿势不恰当，哪怕没有剧烈运动也会使你严重受伤——穿高跟鞋站立就是一个很好的例子！一旦身体被迫做出不恰当的姿势，它就有可能产生以下你所不期望的变化：

1）骨盆。正常来说，双脚的作用就是身体维持自身站立或行走的平衡。穿上高跟鞋后，这种平衡性被向前推，那么，身体就会通过倾斜骨盆来抵消这种前倾，以再次维持身体平衡。

2）脊椎。身体长期处于失衡状态，随着时间的推移，脊椎骨也会发生偏移。

3）后背。由于脊椎偏移，下背部疼痛的概率大大提升，这是当今女性最常见的身体问题之一。

4）小腿。穿高跟鞋会导致腓肠肌长期绷紧缩短，结果会导致小腿机能下降。

5）膝盖。因为腓肠肌绷紧，身体前倾，导致腿部其余部分承受的额外压力相当多，尤其是膝关节，会使得受伤的可能性更大。

6）脚部。脚部是身体最脆弱的部位之一，也是身体构造最复杂的部位。不夸张地说，穿高跟鞋对脚部的损害是摧毁性的。穿 2 英寸高的高跟鞋，脚趾将承载人自身体重 1.5 倍的压力；如果穿 3 英寸高的高跟鞋，那么脚趾将承载人自身体重 2 倍的压力！脚部的肌腱承受巨大压力，最后使得脚踝失去稳定性。同时，也会使得脚趾、脚尖变形，导致脚趾皮肤硬化、长茧子、抽筋，甚至产生周期性疼痛，致使骨头畸形发展。

因此，体形身姿非常重要！

这里有一个有趣的故事，是关于一位顽强的马拉松运动员。这个故事很好地诠释了体形身姿的重要性，并且为你树立了很好的榜样。

马拉松运动员保罗和"血之脚"的故事

1952 年，保罗·柯林斯（Paul Collins）当时 26 岁，曾参加过纽约的马拉松比赛。那一年，他成为加拿大马拉松比赛的全国冠军并创造了世界纪录，同年他还取得了赫尔辛基奥运会的参赛资格。他是马拉松界公认的奇才之一，他成名的另一个原因是在比赛过程中承受过其他马拉松运动员所未经历过的伤痛，他是个极具不屈不挠精神的运动员。

1952年在赫尔辛基举办的马拉松比赛竞争相当激烈，而柯林斯参加的比赛等级很高。下半场比赛一开始，他的脚就开始起水疱，肌肉和关节开始疼痛。

尽管如此，他依旧坚持比赛。

当比赛进入最后阶段的时候，柯林斯在领先一组的队伍里，他很坚强，还在坚持比赛。而此时，他的肌肉和关节产生的疼痛让人看着都心酸，因为他的脚已经开始流血！

尽管如此，他依旧继续向前冲。

距离终点还有2英里（约3.2千米）的时候，他脚部的疼痛已经几乎超出常人所能忍耐的极限。但是，柯林斯全部忍受了！

他依旧一点点往前进，但脚部极度的疼痛以及血液的流失正在耗尽他的能量。他把当时流到脚下的血称为"血色的鞋垫"。

柯林斯就是柯林斯！他带着伤痛完成了比赛！那他的名次怎么样呢？第19名！他的比赛精神值得我们赞扬！

紧接着，让人震惊的是他的创伤……比赛结束后的日子里，保罗·柯林斯的身体逐渐发僵。医生说他在比赛中让身体承载了超负荷运动，现在他的大腿、肌腱、关节和肌肉严重受损，他再也不能跑了。从那时起，他就变成了半残疾的状态。多年来，他一直是这个状态，几乎爬不上楼梯，走路明显地一瘸一拐。甚至从椅子上站起来都很痛苦。

他承认，那场"艰难的"马拉松比赛的确造成了自己的不幸。之后，柯林斯对我说，有一天，他突然想要改变现状。他意识到：在赫尔辛基奥运会上打败他的前18位马拉松运动员，还可以继续参加一些其他重要的比赛，这些运动员比他跑得更快，比他跑得更"吃力"！因此，并不是速度，或者跑步过程中的艰巨性使他受伤。肯定有其他原因！这个"其他原因"只可能是在比赛中使用了不当的姿势。

和亚历山大一样，柯林斯开始研究自己的行为习惯以及对身体的使用习惯。他发现自己的伤痛确实和他错误的跑步姿势有关，这种错误的姿势使得他错误地运用了自己的身体，使其承受了额外的压力。

接下来，他开始专注于跑步姿势的研究包括亚历山大技巧，并且训练自己走路的方式，使自己走起路来更优雅。

35 岁的时候，他可以走更远了。几年之后，新的好习惯又帮助他提升了身体的平衡性，他又可以开始慢慢地奔跑了。此后又过了几年，他跑步的总距离已经长达 10 英里；几年之后，他运用这种更具平衡性的"姿势"，开始了多年后的首次马拉松比赛。

柯林斯不停地探索他在马拉松中奔跑的极限，使自己成为自己最好的研究对象。在 55 岁到 60 岁的这段时间里，他创造了其所在年龄组在 200 英里、300 英里、400 英里的世界纪录；此外，在英国诺丁汉第三届的 6 天赛中，他分别打破了第 3、4、5、6 天的比赛纪录。

60 岁的时候，柯林斯参加了 24 小时马拉松比赛，这种比赛就是尽所能地跑，在 24 小时内，你可以休息，然后接着跑都可以，你所跑的总距离会被裁判所记录。你觉得 24 小时内，柯林斯能跑多远？

他创造了英国选手的纪录，全程跑了 117 英里，这接近于 5 个马拉松比赛的总长度。

在这个超级马拉松比赛的终点，医生、理疗师、男按摩师以及形形色色的人排成一条线，等着帮助那些身体被拉伤或者极度疲劳的参赛选手。但是，让人忍俊不禁的是，在到达终点的时候，柯林斯还保持着马拉松赛跑的姿势，当问到他需要什么帮助时，他的回复是："请给我一扎啤酒，谢谢。"

保罗·柯林斯在运动生涯中获得成功的事迹间接地给了我帮助。当我在健身房做举重运动的时候，由于姿势不对，平衡把握不当，造成下腰受伤。很多专家告诉我：因为损伤程度是不可逆转的，所以没有任何办法帮我消除这烦人的疼痛（正如亚历山大被告知他的嗓音问题无法治愈一样）。

最后，有人建议我找保罗·柯林斯，因为当时保罗·柯林斯正在教大家如何做到身体平衡，哪些姿势在平衡性上是恰当的，以及如何使用亚历山大技巧来辅助身体移动和跑步。

一开始，他指出了我的一些不良的身体习惯，这些都是由于平时不恰当的身体姿势造成的，接下来，他进一步分析了身体觉得不舒适或者疼痛的原因是在于我不断给身体施加压力。通过重新调整姿势，柯林斯帮助我完全从疼痛中解放出来，让我得以继续进行中止了一年的运动事业。

总而言之，完美的姿势就是身体平衡性的完美表现，这个完美指的是你身体的肌肉、器官、骨骼系统的各个方面都要协调得当。其中尤其重要的是头部、脖子、脊椎和关节的姿势。我们可以通过做有氧运动，使得肌肉的灵活性增强，更容易找到平衡，但是，如果姿势不当，也有可能会"失去平衡"。这就是为什么在健身的时候姿势显得尤其重要。

恰当的姿势可以使得身体的动作流畅优美，也可以使所有能量在这个身体中自然分配。这就是我们通常所说的"平衡放松状态"，即无论你处于什么姿势，你的身体都会有一定的警觉性，并时刻做好了准备，可以随时从静态切换到动态，从现有的动作转换到其他动作。我们养的宠物猫就是一个很好的例子。

关于姿势完美的另外一个例子就是冠军运动员和舞蹈演员。对于这些人，我们通常会想到的词就是"优雅的""得体的""自然的""无拘束的"以及"举止文雅的"。看到他们的那种自然的姿势，我们大脑的第一反应就是这些词。

一个典型的例子就是一位来自牙买加的短跑运动员——梅尔琳内·奥蒂（Merlene Ottey）。通常来说，短跑运动员的职业生涯不会很长。然而，20年来，她参加过各种国家级、洲级、世界级的短跑比赛，也曾是奥运会短跑运动的冠军。与其他运动员不同，让人感到惊奇的是，她在整个职业生涯中没有受过伤。为什么会这样？因为她是极少数

图7-3　良好的姿势

在跑步时懂得维持完美平衡状态的运动员。因此，她在每次训练以及比赛的时候，受伤的概率都会非常之小。

更为重要的是，梅尔琳内并不仅仅是因为跑步姿势优雅而出名，她出名还因为她有着积极的思维习惯。在本书教你进行姿势练习的时候，你会发现身姿与积极的思维习惯之间的紧密联系。

良好的姿势是维持并改善身体健康的关键因素，同时，它还有着更广泛的社会意义。

世界顶级的姿势大师、亚历山大技巧教学大师迈克尔·J.葛尔布（Michael J. Gelb）给我们讲述了以下关于姿势的有趣研究，以及这些研究对人们的影响。

> 在两组人中，一组是小偷，另一组是舞蹈形体老师，他们在同时观看一部关于纽约街道上行人的影片。
>
> 小偷这一组的人需要观察行人，然后对这些行人在0~10分之间进行打分。0分代表这人毫无防备，即使一个发誓不再偷东西的小偷，遇到这种毫无防备诱惑力极大的人，也会打破誓言偷他的东西；而10分则表示此人警惕性非常高，即使小偷本人以及其家人处于挨饿状态，他也会认为偷这个人的东西是一个极其冒险的行为。
>
> 舞蹈形体老师也被要求对行人进行评分。0分代表这个人走路完全没有平衡性，姿势别扭；而得到10分的人则有着完美的身姿。
>
> 当对比两组分数的时候，我们发现一个人被小偷盯上的概率与走路是否具有平衡性竟然存在80%以上的相关性！
>
> 不管这个人的力量、外貌、体形或者体重如何，小偷都能正确地感知，如果这个人身体平衡性很好，对他下手的话，被发现的风险就会非常大。

既然你已经对身体平衡性的重要性和影响力有了进一步的了解，那你应该如何维持以及提升自己身体的平衡性呢？请从下面的练习中寻找答案。

（3）体形身姿的练习

1）注意自己的姿势

有意识地培养自己在日常活动时姿势的优雅性，例如：走路、跑步、坐下、起立、弯腰、抬手、吃饭、刷牙、打电话、倾听、开车等行为动作。脑海里要一直记着以下事项：

- 我正在低头垂肩吗？
- 脖子正在紧绷吗？
- 头部正在剧烈后倾/前倾吗？
- 正在做无意义的耸肩动作吗？
- 哪一处的关节紧锁了吗？
- 臀部前倾了吗，后背向内躬了吗？
- 我的呼吸是属于哪种类型？深度地、自由地、有节奏地、短促地、喘气还是"闭气"？

无论什么时候，一旦发现某个习惯导致身体平衡性出现问题，都要即刻停止使用这种习惯，继而重新对身体姿势进行调整。停顿片刻后，使用亚历山大姿势中的首要控制法——确保脖子伸展自如，接着"抬头"，然后伸展背部。使用这个方法的时候，留意身体各个部位的张力、各个关节以及自己的呼吸状况。

记住——随时随地带着思考关注自己的身体！

2）寻找身边的"优美姿势"

仔细留意身边具有优美姿势的人或者动物。如果脑海中经常浮现与之相关的画面，我们就会潜移默化地受到这些模范姿势的影响，进而不断纠正自己的姿势，促使自己往好的方面发展，最终形成新的良好的身体行为习惯。

为这些人或者动物拍照，例如舞蹈演员或者大型猫科动物，记录其优美的身姿。并且不断提醒自己要以他们为榜样，你会发现这样做能帮助自己达成形成优美身姿的目标。

3）运用 TEFCAS 成功法则

模仿亚历山大，站在镜子前，看着镜子里的自己，然后从客观角度审视自己所看到的镜像，你看到了什么？头部非常笔直，还是往某一方向倾斜？肩膀有没有一边高一边低（大部分人两边肩膀高度不一！）？两手臂自然下垂时，手掌是否平行？全身关节是否感到僵硬？

一旦你的神经感知到这些信息，大脑就会收到反馈并积极地处理它们。像亚历山大那样，稍稍停顿，然后自然而然地往"优美身姿"的方向重新审视自己。

4）培养形成"优美身姿"的习惯

通过培养新习惯或业余爱好来形成优美的身姿。能够帮助到你的有效方法包括：各种舞蹈练习、瑜伽训练、合气道，尤其是亚历山大技巧。

5）声音/姿势练习

同样，站在镜子前，看着自己，发出声音并仔细聆听。即使发生以下情况，也请不要停顿，继续念，例如：头部往某一方向倾斜，脖子和喉咙的肌肉收缩或舒张、低头耸肩、僵硬地站立或是呼吸短促。然后，我们可以让这个练习变成一个有趣的游戏，请尽量尝试多种不同的姿势，继续观察自己的发音。你需要在整个训练过程中感受自己声音的变化，并运用成功法则 TEFCAS：分析处理所接收到的反馈信息，不断对自己的声音进行调整，最终达到目标。其实，与家人或朋友一起进行这个训练会很有趣。

6）利用重力来矫正姿势

每天坚持运动，让重力成为你的脊椎推拿治疗医生，成为你的亚历山大教练。请按照以下图示，练习躺下这个动作。这个练习的目的是帮助你在重力的辅助下，解决日常活动中出现的抽筋现象或身体姿势不协调等问题。

这个练习的持续时间为 5~10 分钟。

器材要求：你只需要找一个相对平坦的地方，有舒适的地板、足够的空间和一本 1~2 英寸厚的书本。以下为练习步骤：

① 首先，把书本放在地板上。背向书本站立，书本与脚跟的距离大约是身体的长度，然后舒展双肩，张开双脚。双手轻轻地至于身体两侧，感受重

力的作用让它们自然下垂,双眼向前看。这时停顿片刻,检查自己的姿势是否正确,呼吸是否均匀,关节是否锁住。

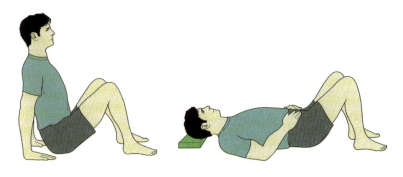

图 7-4　躺下姿势示意图

② 参考亚历山大技巧的首要控制法。让脖子伸展自如才能使得头部自由地向上或向下,整个躯干可向两边舒展。保持呼吸顺畅,注意与地板接触的双脚,尤其是,如果你是站在镜子前,那么注意观察是否站得笔直。保持双眼睁开,精神处于集中的状态,并倾听自己周围的声音。

③ 当你准备蹲下来坐到地板上的时候,身体放松,优雅地移动身体,顺次弯曲脚踝、膝盖和臀部,慢慢蹲下,然后吐气。双手靠后触地并支撑自己,双脚在前,膝盖弯曲,继续顺畅呼吸。另外一种躺下的方法是:首先伸出一条腿向后靠,弯曲膝盖,做出下跪的姿势,就好像你被封为爵士,接受封礼的姿势!然后慢慢地让自己顺势坐下,之后就和前一种方法一样了。

④ 头不断地尝试向前或向后仰,确保脖子的肌肉不会紧绷,以及头没有过分后靠。接着,像舒展开的地毯一样,把自己的背部贴着地板将脊椎一节一节地向后向下靠,最终使得头枕在书本上。书本要摆在恰当的位置才能恰好支撑起头部,例如书本的位置可以正对着脖子和头部的连接处。书本的作用在于:当你头部枕在书上的时候,可以利用重力逐渐地辅助脖子自然伸长。但是要确保书本不能太厚,否则脖子的延伸达不到预期效果,但也不能太薄,否则脖子没有办法伸长。

当头落在恰当的位置的时候，双脚摊平在地板上，同时，膝盖对着天花板，双手轻轻地放在胸上，最终使得身体完全由地板支撑。

⑤ 当你做完这个躺下的姿势后，你所需要做的就是让你的老师——通过重力辅助你完成接下来的任务。让全身放松，在重力的作用下，你的脊椎将会得到舒展，你的所有器官在躯干中放松，身体位置得到调整，呼吸变得更深沉，肩膀两边高度一致，脖子肌肉放松并伸展。

⑥ 仔细留意身体各个部位的变化，尤其是地板支撑的整个背部的变化，可以发现当全身放松时，你的身体自然而然地向横向与纵向舒展开来，感觉像"融化"了一样铺在地板上。

⑦ 做躺下练习的时候，你也可以不断对自己重复一些之前提到过的大脑"增强剂"法则，并利用此机会培养元－积极思维以及良好姿势。同时，保持眼睛睁开是个不错的主意，因为这样做可以避免打瞌睡。但是，如果你想闭眼也是可以的（在保证不睡着的情况下）。

⑧ 以此练习进行身体放松后，你会觉得身体平衡性更好，此时，你可以准备好再次站起来。注意，起身这个动作也要保持优雅。你已经利用重力辅助自己放松身体各个部位，你要注意保持这个优美而挺拔的姿势。

为了使"从躺下到站起"这个过程过渡自然，首先需要做好起立的心理准备，接着慢慢地向侧面翻滚身体，并接受新的姿势。

身体放松，做出爬行的动作，接着，做出单膝下跪的姿势，最后头扬起，回到起初站立的姿势。

注意起身后不要立即放任自己变回原来的懒散姿势！稍作停顿，感受一下自己站立的位置。再次感受双脚站在地板上的感觉，并注意此时脚与头顶的距离。你或许会因为它们之间的距离扩大而感到惊讶。重新审视自己身体的平衡性，以及呼吸的节奏。当你以此优雅姿势回归生活的时候，想想如何维持这种由重力辅助你达成的新姿势。

7）想象力和身体

积极/消极思维会给你的身体带来惊人的影响，请发挥你的全部想象力，尝试以下两个场景！

① 坐在镜子前，并设想这是你人生中最糟糕的日子。随着各种恐怖场景的出现，你身体各个部位会对这一系列设想出的场景做出什么样的姿势或反应：

- 你破产了；
- 你患病了，一年内不能动；
- 你最爱的人并不爱你了；
- 你最好的朋友撒谎欺骗了你；
- 你被解雇了；
- 你最喜欢的球队在决赛中输了；
- 天气预报预告称未来几天的天气糟糕透了。

让身体随着设想出的这些糟糕场景做出本能反应，执行到最后一个动作的时候也不要停下来，继续设想下去，并将这些所设想的事情当作真实发生的，然后慢慢地检查自己身体各个部位的姿势。感受每一部分对所设想事情做出的真实反应。同时，也要注意自己此时的体力如何，以及内心有多渴望制造麻烦和解决问题。

在这种情况下，你应该尽你所能，抑制这些消极思想的产生并且尽力避免身体做出相应的反应，因为大脑的思想其实可以掌控整个身体，而你所设想的事件属于元 - 消极思维范畴，若不加以控制，它们完全可能主宰你的精神乃至你的身体。

② 这一次，请设想今天是你有生以来最美好的一天，当你设想一系列美好场景的时候，请再次观察你身体各个部位对所想事件的反应：

- 你买彩票中奖了；
- 医生告诉你：你现在的健康状态非常好，列属于 1% 最健康的人群中；
- 尽管你之前无法确定对方是否也喜欢你，但是你喜欢的这个人，今天告诉你其实他 / 她也喜欢你，已暗恋你多年，并认为你是最有魅力的；
- 一系列的事实证明，你最好的朋友忠诚于你，并无条件地支持你；

- 你晋升到了梦寐以求的职位；
- 你最喜欢的球队获得了世界冠军；
- 无论是短期的还是长期的天气情况，都恰好是你所期待的。

此项训练快要结束的时候，如果你依旧是坐着，那么你会发现自己容光焕发，坐姿笔直，各个感官部位以及思维完全畅通。如果你在此过程中表现得更加投入，那么你很有可能像刚刚被告知获得世界冠军的人那样，双臂抬起，身体的各个部位也都充满了积极向上的能量。

此时，主导你的是元-积极思维。

经过这两项场景测试，你会发现：影响体形身姿的最关键因素之一正是大脑内在思维的状态。如果你往坏的方面设想，那么消极思维就会使你呈现不良姿势；反之亦然。

以下所罗列的大脑"增强剂"将有助于你培养良好的思维新习惯，也会有效地帮你纠正不良姿势。这些宣言还具有双重功效，不仅能促使你形成元-积极思维，还有助于直接提升身体的协调性。

大脑"增强剂"

（1）我的身姿以及运动方式的协调性正在不断提升，变得更优雅、轻松而流畅。

（2）当我放松脖子周围的肌肉，头部可以自如地上下活动，后背可以自由地进行扩张。

（3）呼吸没有紧迫感，是深沉的、无拘束的、自由的呼吸。经常模仿那些具有优美姿势的人和动物有助于自我的提升。

（4）放松环境下也要维持警惕并且保持注意力集中的状态。

有氧运动

（1）一系列运动/健康调研

21世纪之初，14000名年龄在8~12岁的孩子参与了一项研究，这项研究的目的在于探究运动对孩子学业表现的影响。该研究表明：经常运动的学生"读写"技能表现会更好。一周参与 3 次体育锻炼或者剧烈运动的学生考试得高分的概率更高。

其中还有一项研究结果表明：在全国英语测试中，一周至少运动 3 次的学生中有 79% 的男生得分高于平均分；而那些低于平均分的学生，只有 38% 的人参与运动。

主持这项研究的安杰拉·鲍尔丁（Angela Balding）表示：每周积极运动 3 或 4 次和学习成绩更好这两者间有一定的联系。这项研究显示了其中原因可能是：运动细胞活跃的孩子脑部吸收了更多的氧气，这样的大脑能更好地接收新事物，接受和反应能力更强。

由贝尔法斯特女王大学和格拉斯哥大学所执行的研究结果表明：每 3 个人中就会有一人有患心脏病的风险，因为他们的心血管没有足够的运动量。

美国心脏协会（American Heart Association）对 13000 人进行了一项长达 8 年的研究。该研究结果表明，体质最差的小组成员的死亡率是体质最好的小组成员的 3 倍。

美国马萨诸塞州波士顿的布莱根妇女医院对 85000 名女性进行了长达 14 年之久的研究。研究结果显示：每天 1 小时的运动能将乳腺癌的发病率降低 1/5。

中国台湾长庚大学的研究人员发现：经常运动的人患结肠癌的概率比那些久坐不动的人低 83%。

一周运动 5 次或者 5 次以上的人患糖尿病的概率比那些不常运动的人低 42%。

《泰晤士报》，2000 年 11 月 25 日

（2）关于健康的新发现

20 世纪下半叶，相关领域的专家在身体锻炼的本质定义上有了重大新发现。

本章节要举的例子来自于年轻且才华横溢的肯尼斯·库珀医生（Dr. Kenneth Cooper）。肯尼斯·库珀毕业于哈佛大学公共卫生专业，在位于得克萨斯州的美国空军航空航天医学院工作，然而他更倾向于称自己为一名运动

员或赛跑者。

20世纪60年代中期，库珀医生对"什么是真正的健身与健康"做了研究。研究对象涉及25000人之多，包括空军军官与士兵，飞行员与宇航员，运动员与非运动员，积极运动者与不积极运动者，身体健康者与身患疾病者，男性与女性。该研究当时属于医学健康领域最大的研究项目之一。

该研究为我们提供了许多有用的信息，例如：如何去锻炼，锻炼分为哪些类型，进行锻炼与缺乏锻炼分别对身体的影响，等等。除此之外，它还发现了一个通常被传统锻炼所忽略的重要因素：有氧运动。有氧运动指长时间地促进心脏和肺部功能进行运转的运动，这种运动足以产生对身体有益的转变。典型的有氧运动包括：快走、跑步、游泳、骑自行车和划船。

通过有氧运动，心脏被迫为身体的所有肌肉和器官包括大脑供给维持生命和养分的血液，你的毅力和耐力会得到增强。

有氧运动通常被称为"耐力健身"或者"持久力训练"，这就像即使你长时间工作，也不会感到过度疲劳。有氧运动与你身体的肌肉力量是有联系的，并且与心脏、肺部，整个心血管系统以及包括肌肉等其他身体重要组成部分的健康状况紧密联系。

（3）有氧运动的健身效果

当你开始进行有氧运动时，身体的各个器官和各个系统都会发生一定的变化，这就是"有氧运动的健身效果"。当然，你只有锻炼好身体，才有精力完成额外的工作。

有氧运动是一项专门帮助身体提升氧气利用率的运动。它的健身效果包括：

1）使心脏的收缩，运动强度以及吸氧效率得到了改善和提升。心脏每跳动一次，身体各个部位流动的血液就会增多，那么维持生命的氧气从肺到心脏最终到身体其他部位的运输性能就会得到提升。

2）呼吸肌的能力增强，这会降低气流阻力，使呼吸更顺畅，最终使肺部吸气或呼气更快。

3）身体的肌肉会更结实，血液循环流畅，血压下降，心脏负荷量减少。

4）体内血液循环总量增加，使血液对氧气的运输效率更高。

总之，运动的目的就是让身体内部器官得到锻炼。而锻炼的基础是加强"能量补给"——氧气的供给能力。

然而，氧气与其他身体能量的补充例如营养和食物是不一样的，因为氧气不像食物那样可以储存，我们要不断地为身体提供氧气，要保证身体时刻进行气体置换，才能每时每刻维持生命。

既然这样，你肯定会想，让身体更频繁地呼吸，不是就能吸收更多氧气吗？然而，事实并非如此。如果你身体不健康，那么氧气运输就会受到身体内部组织和器官的限制，你就无法给所有需要补给的部位提供足够的氧气——因为你的身体所有部位（包括四肢）都有营养物质（糖、蛋白质和脂肪）储存，这些营养物质需要氧气才能发挥作用，为身体提供所需的重要能量，同时维持你的生命活动。

即使身体在几乎静止的情况下，例如夜间睡眠，你还是会吸入许多氧气，与体内储藏的营养物质发生反应，为身体提供所需能量。在夜间睡眠时，虽然身体不运动，但是我们的心脏需要保持跳动，血液需要循环，消化系统需要运转，身体各个部位和器官需要维持化学平衡，身体要保持正常体温，肺部需要吸入氧气。上述这些功能的运转都需要能量补给才能实现。

正常来说，在夜间睡眠的情况下，我们身体所消耗的能量是最少的。但是，对于身体不健康的人来说，即使最少的能量消耗也几乎达到其最大消耗值，可能与白天工作时相差无几；反之，对于身体健康的人而言，夜间睡眠时身体消耗的能量大幅减少。此外，身体健康的人可轻而易举地完成类似的简单活动，变得越来越有朝气和活力。

有氧运动的作用如此之大，我们应该如何正确地去做呢？存在有氧运动的正确方式吗？答案是肯定的——有！

（4）有氧运动的正确方式

正确的有氧运动方式的原理极其简单，而且操作起来也非常方便，它会为身体增添活力，改善每个人的健康情况。

为了做到保持健康（通过有氧运动），你只需要一周运动 4 次，每次至少 30 分钟（这比你用在吃一顿饭上花的时间还要少）。

有氧运动不仅能让你变得健康有活力，而且当你表现不错时，更加能够乐在其中。有氧运动的方式多种多样，具体包括：游泳、快走、徒步远行、跑步、越野滑雪、跳舞、划船以及一系列使用健身仪器的运动。

每次运动之前都要有 5 分钟的热身运动，在 20 分钟的高强度有氧训练之后，最后 5 分钟用于做拉伸、舒展运动。热身的目的是"增强"肌肉张力，适应即将开始的高强度运动；拉伸运动为了舒展肌肉，是从高强度运动恢复到正常活动之间的过渡。

在至少 20 分钟的高强度有氧训练过程中，你的大脑和身体会不断接收到信息：身体有缺氧的危险，会威胁生命！最后，这个"红色警报"会抵达身体的各个系统，指示它们要"开始启动"来应对危险。这就是为什么至少要有 20 分钟的高强度运动。如果每次运动时间仅维持在 10~15 分钟内，那么，你大脑相应的反应就是：哦，高难度动作的确有挑战，但是时间不长，没什么危险，身体各个部位并不需要启动。

在有氧训练的辅助下，你身体的各个系统可以开始进行自我调节，以逐步应对身体所需承受的各种压力。本章中的肌肉力量一节将为你具体展示肌肉的力量训练。

在高强度的有氧训练过程中，你的心率应该是 120~180 次 / 分（取决于你的年龄和身体健康状况），最好每隔一天进行一次有氧运动，长此以往，你的体形身姿、柔韧度以及肌肉力量都会得到相应调整。

进行有氧运动，你可以参考下表的脉搏率。运动负荷不一样，脉搏率也不一样：

运动负荷	脉搏率
1—极其轻微	低于 90
2—非常轻微	90
3—轻微	100
4—偏向轻微	110
5—中等	120

6—偏强	130
7—强	140
8—很强	150
9—极其强烈	160

即使运动量不算大，但是有氧运动对大脑和身体的影响仍是惊人的。

（5）有氧运动与大脑锻炼

罗德尼·斯温（Rodney Swain）和他的同事在密尔沃基的威斯康星州大学所进行的实验中取得了一些重大发现：且不论年龄，大脑与运动存在密切的关系。

此前有研究曾表明：激烈运动后，幼年期的动物的大脑中会形成许多血管。有反对者认为该结果只是在生命早期出现的现象。为了验证结果的通用性，罗德尼·斯温和他的同事对成熟期的老鼠也进行了测试。被研究的老鼠分为两组，一组进行了"鼠类有氧运动"，另一组则没有运动。

> **研究表明**：没有进行有氧运动的老鼠的大脑没有发生变化，而进行有氧运动的老鼠的大脑血管密度急剧增加。该实验结果令人震惊：只需要坚持3天的有氧运动，大脑能力就会得到明显的提升。斯温总结道："大脑对身体的有氧运动十分敏感，会做出明显的反应。"

面对这样的结果，斯温解释说：这是由于身体运动的时候，小脑以及大脑皮层关于运动部分的神经会更加活跃，因而就需要更多的营养和氧气供给。收到这种信号后，大脑会利用有氧运动得到的额外能量来生成新的毛细血管，并为它们提供所需的营养和氧气。

有趣的是，在本书中，斯温据此进一步推测：同身体训练类似，认知（大脑思维运动）训练也有可能会使得大脑中负责"思维"的领域形成更多新的血管。

更鼓舞人心的是，参与过有氧运动以后，动物也开始选择每周至少运动

3次以上。这表明：为了给身体提供更多的健康血液，大脑和身体之间会产生相互协调的默契。

2001年1月份一项令人振奋的研究表明，运动与精神状况之间具有积极的联系。该研究结果不仅证实了之前相关的研究结果，还有了进一步延伸。詹姆士·布鲁马修（James Blumathal）医生与他的同事在卡罗来纳州北部的杜克大学医疗中心做了统计：一周做3次有氧运动，每次半小时，脑力会有显著提升。这项研究还证实了，有氧运动能大大提升记忆力，并且可以对抗衰老。而且，这种表现在中年人和老年人身上会特别明显。

有氧运动还会促进大脑的一些所谓的"决策功能"得到提升，其中包括计划能力、组织能力以及同时应对不同脑力任务的能力（值得注意的是，如果这其中有某方面你做得不够好，那一定是由于压力的存在）。

该项研究还得出了另一个结论：有氧运动对大脑的提升效果是立竿见影的，并且维持时间长。

（6）有氧运动如何对大脑进行内在的改变

大脑是有氧运动的最大受益者——记住，健康的大脑存在于健康的身体中。

心脏每跳动一次，你的血液就会直接流入大脑一次。目前我们获取的信息是，大脑仅占体重的2%~3%，大脑运输血液的毛细血管即使在显微镜下观察也显得很小。那么，猜测一下，心脏每跳动一次，有多少血液会直接流入大脑呢？

- 低于1%
- 2%~3%？
- 4%~6%？
- 7%~9%？
- 10%？
- 10%~14%？
- 15%~20%？
- 20%~40%？
- 40%~80%？

正确答案是 20%~40%！

而其余的超过一半的血液才会被供给到身体其他部分。因此，我们推断大脑才是身体最重要的一部分。

这一现象在紧急情况下表现得更为突出。例如，当一个人的大腿严重受伤后，我们会认为：心脏每跳动一次，大部分的血液就会从受伤的大腿涌出。但是，这与事实截然相反。当大腿严重受伤后，大脑和身体相互协调，一起处理这种紧急状况。一旦大脑接收到大腿严重受伤的信息，大腿的所有血管都会收缩，从而避免过多的血液流失。

同时，心脏供给大脑的血液比平时还要多。为什么会这样呢？因为在生死关头，唯一能让你幸存下来的器官就是你的大脑。毫无疑问，自然要给大脑提供最多的能量。

有氧运动能提升你的睡眠质量，并减少所需的睡眠时间。

在另一项由库珀医生组织的意义深远的研究中，两组实验对象平躺在床上休息足足 3 周。第一组实验对象的床上配置有脚踏车训练器械，实验对象每天运动 3 次；而另一组则不参与运动。

研究结果显示：在整个过程中，每天运动的实验对象的睡眠更有规律，睡眠时间 7~8 个小时；而不参与运动的实验对象睡眠不规律，甚至偶尔还会失眠。研究结果似乎与你一开始所想的相违背（但如果你对身体与大脑有本质的认识的话，是可以预测到结果的）：实际上，不运动的人更偏向于延长睡眠时间。他们用于睡觉的时间比经常运动的人还要长，但当他们睡醒之后，还是会无精打采。相反地，经常运动的人睡眠时间短，但是他们的精神状态更好。

经常做有氧运动的人，大脑能得到更充足、更深度的休息，白天的工作时间可以延长 1/4~1/3。一天之中除睡觉外余下的 66%~75% 的时间，注意力会高度集中。

（7）有氧运动的心理效应

由于大脑和身体具有这种紧密联系，因此，我们可以认为在许多方面，身体健康意味着精神状态更好。

> 身体健康、反应敏锐和情绪稳定这三者之间有着显而易见的联系。最重要的一点是，一旦身体的耐力增加，你就更能抗击疲劳，工作时犯错的概率也会下降。同时，你也没有必要频繁地休息，而且工作时长会自动延长。
>
> 肯尼斯·库珀，就职于美国空军航空航天医学院

阿普尔顿（Appleton）与科贝斯（Kobes）在西点美国陆军军官学校做了一项研究：将学员的体质、健康以及学习成绩进行对比。4 年后，身体健康的学员的人员流失率是身体不健康学员的一半。此外，在非运动员学员中，辍学率最高，原因在于他们觉得自己不能完成这些课程的学习，他们的毅力跟不上，且精神不够集中。

类似的研究也表明：个人体质与运动表现、学业表现以及领导力水平有极大的相关性。同时，一个人的体质与精神面貌也密切相关。经常进行高质量有氧运动的人一般会表现得更自信，更乐观，意志更坚定。这些人的普遍表现是精力充沛，更热爱工作和生活。

> 一些研究还表明：运动有助于幸福感的提升，使人变得愉悦、冷静、安宁，这种感觉会持续一段时间，几分钟甚至一天。这也让质疑"锻炼使人感觉良好"的言论几乎不再出现。
>
> 《新科学家》杂志（New Scientist），1996 年 11 月 23 日

（8）有氧运动和心理"健康"

20 世纪末，安德鲁·斯泰普托（Andrew Steptoe）和他的同事在伦敦大学圣乔治医学院就有氧运动和心理"健康"进行了研究。研究对象为 109 位长期久坐的成年人，他们被随机分为四组，每一组的运动任务不同：

1）第一组所做的有氧运动要么是高强度，要么是中等强度，一周训练 3 次；

2）第二组与第一组完全相同；

3）第三组不做有氧运动，而是做轻微的伸展运动；

4）第四组什么也不做。

12 周之后，心理健康得到显著提升的是做了有氧训练的那两组。另外，那两组的组员焦虑和烦躁状态均有所下降，而且抗压能力也得到了明显的提升。

（9）有氧运动对身体的影响

合理地进行有氧运动的第一个好处在于：你身体中最为重要的肌肉器官——心脏，在体积大小和跳动强度上都会得到改善。如果你的心脏跳动健康而有力，那么，每跳动一次就不会那么费力。另外，如果拥有如此健康的心脏，那么诸如血液和氧气的供给能力也会相应提升。同样，能量补给充足后又会使心脏变得更强壮，跳动更有力，相应地也会使身体吸收营养的能力大幅提升，变得更健康。

不运动的人心脏体积更小，功能更弱，心脏肌肉像其他器官一样不发达，另外，心房也会缩小，泵血的能力变得更弱。显然，如果你的心脏功能较弱且不够健康，那么它的泵血功能就会不断下降，从而导致心脏的负荷与健康状态下相比有所增大。而与此相反的是，你进行的有氧运动越多，心脏看起来似乎"运动过多"，但实际上，它的负荷就越小。

肺的功能和其为全身提供氧气的能力大小完全取决于胸腔和隔膜的"呼吸健康"。只有通过有氧运动，这些"呼吸肌"才会更健康。此外，如果姿势正确，你的呼吸也会更顺畅。

通过对"健康的人"与"不健康的人"的数据进行对比可知：在一定时间内，健康的人吸入的氧气是不健康的人吸入氧气的两倍。健康的肺具有更强大的排出二氧化碳及其他废气的能力。显然，通过有氧运动，流动的血液在质和量方面都得到了提升，这对于供养全身各个部位以及器官的动脉、静脉和毛细血管都有益。

有氧运动除了使心脏变得更健康之外，你的血液流动也会随之加快：血液里会有更多的血浆，血浆里会有更多的血细胞，并且血细胞里有更多的血红蛋白，而血红蛋白会输送更多的氧气！除此之外，经过有氧运动后，心血管系统中的总血量也会相应增多。

许多研究表明：进行有氧运动后，人的大脑和身体的血量平均会提升1/4。同时，血液质量也会得到提升：每增加 1 品脱（1 英制品脱 =568.26 毫升）

的血液，你的血红细胞就会相应增多。换言之，血液中所携带的氧气会增多。血红蛋白的增多使得运送到身体各个部位（尤其是大脑）的氧气增多，而身体可以更加即时地排放出更多的二氧化碳。

通常情况下，进行有氧运动能锻炼到你的全身，你的肌肉也会从中受益。例如，随着肌肉强度的提升，肌肉伸缩速度以及耐力也会得到改善。与未受训练的肌肉相比，你的肌肉会更紧致、更有线条感，这是因为训练后肌肉纤维周围的毛细血管会增多，能够为肌肉提供更充分的营养并且排出毒素。

有氧运动后，健康的体魄会使你体内整个消化系统供氧和排毒的功能更加规律。例如，胃酸过多的症状会得到缓解，荷尔蒙分泌也会达到平衡状态，所有营养摄入的吸收过程都会更加高效。

高强度的有氧运动，尤其当它与力量训练相结合时，你身体的骨骼也会得到加强与锻炼。因为我们身边经常能听到"骨头坏死"等病例，所以，我们普遍形成了以下两种元－消极思维：

1）我们的骨质是疏松的；
2）随着年龄增大，骨骼会越来越脆弱。

事实上，骨骼的特性更像坚硬且有弹性的单晶硅。换言之，它们的弯曲度很大，在破碎之前，往往能承受巨大的压力。因此，在做有氧负重训练时，你的骨骼依旧能保持较好的弹性。这是由于心血管运动达到最大负荷量的时候，荷尔蒙会相应地增加，使得细胞运转能力大大地提高。蛋白质合成得到增强，肌肉功能得到提升，这大大促进了骨骼的进一步生长。

▮ 柔韧度

柔韧度是进行身体锻炼时要注意的第三点。如果你在进行有氧运动时姿势恰当，身体的柔韧度同时也会得到提升。柔韧度训练是健身前热身，健身后放松的最佳方式。

柔韧度训练指的是身体的关节可以自由地在其活动幅度内向各个方向伸

展。任意一个婴儿都能熟练地展示关节的灵活性，而这种灵活性曾经也在你身上发生过。只有当你采取了不恰当的方法或是形成了影响力巨大的坏习惯时，你的身体才会在其影响下渐渐开始变得僵硬。

身体若是富有弹性的话，肌肉就可以延伸到最佳长度。身体柔韧度好，就可以避免一些动作对骨骼和肌肉造成伤害。

在柔韧度良好的情况下，神经系统就可以不必担忧被肌肉的坚硬和张力所阻碍，可以将信息畅通无阻地传递到身体的各个部位。同时，在这种放松的状态下，氧气可以畅通无阻地在关节、血管和毛细血管中流通。

柔韧度是身体的基本需求，这可以通过伸展运动来提高，例如打哈欠或者伸懒腰（我在写作这本书的时候也会情不自禁这么做！）。身体往各个方向自如伸展，是最好的锻炼灵活性的运动之一，也是我们日常活动中自然并且轻易能做到的动作。其实在身体弹性这个领域内，猫是表现最好的动物之一。其他用来专门提升身体弹性的运动还有：舞蹈、瑜伽、体操、日本的合气道以及各种有氧伸展运动……

关于伸展运动，有效又"简单粗暴"的方式之一就是源于印度的"向太阳致敬"——瑜伽。瑜伽意味着"结合"，它对提升身体和大脑的弹性尤其有益。"向太阳致敬"这个练习所需的时间不到 5 分钟。在 5 分钟内的运动过程中，身体各个重要的肌肉组织都会得到锻炼。因为进行该项运动时，脊椎会朝不同的方向活动，可以提升四肢的灵活性，同时，呼吸会变得有规律，注意力更加集中（见图 7-5）。

无论是做有氧运动还是力量训练，柔韧性练习都应该成为你的热身运动，或是健身后的放松练习。

到此，你会发现，在伸展运动的整个过程中，你需要保持恰当的姿势。一旦在此过程中失去平衡，肌肉有可能造成不必要的拉伤，甚至造成肌腱和韧带的撕裂。在进行任何一项运动之前，我们都应该短暂休息片刻，让自己平静下来，确保脖子和关节可以自由活动，头部与身体协调，背部和身躯舒展自如。

图 7-5 "向太阳致敬"（salute to the sun）

肌肉力量

肌肉力量是评判身体健康的重要指标之一。肌肉力量指的是身体的所有肌肉及其相关的系统可以进行举、拉、推以及旋转等动作的能力。

肌肉力量训练有诸多好处：

- 增强肌肉（记住，你的每一块肌纤维就代表着一个"小型的心脏"）；
- 强化骨骼；
- 帮助身体实现更多功能；
- 在日常生活中精力充沛地执行各项任务；
- 拥有更结实的身体去参加各种体育/健身运动；
- 降低身体受伤的概率；
- 有助于保护内部器官；

- 增强自信心；
- 得到他人的尊重；
- 提升个人形象；
- 形成积极乐观的心态。

（1）打破错误观念

关于力量训练和增肌训练，也存在诸多错误观念：

1）错误观念：健身使肌肉不断增长。

事实/真相：令人惊奇的是，健身反而会使肌肉轻微缩水。这是因为，如果你进行适当的体能训练，你需要用力，同时，也在极其缓慢地损耗你的肌肉。这一行为将会给你的大脑发出信号，大脑接收到信息后，就会通知"肌肉修复团队"修复损耗的肌肉，使得肌肉变得更强壮，为未来的使用储存力量。

在某种程度上，你的身体就像随时为下一场比赛做准备的优秀运动员。在你运动过后，身体和大脑就会自然而然地做好准备，而能量需要从你身体的脂肪中转换而来，所积蓄的能量会在你运动的间隙得到运用，为锻炼出强壮的身体做足准备。

最佳的"身体自我训练/构建"时间为 48 小时，因此，力量训练和肌肉构建分别为 24 小时，而最佳训练时间的安排则为：平均每两天锻炼一次。

2）错误观念：增肌训练也称举重训练，因为举重会促进肌肉的增长。

事实/真相：这句话只有一半是对的。正确的说法是：举起和放下重物都会促使肌肉拉长。

当你举重的时候，肌肉会收缩；而放下重物的时候，肌肉会拉伸。观察我们的肱二头肌，最容易发现这一特点。例如，当你举起杠铃的时候，你会切身体验到二头肌收缩，鼓起；然而，当你放下杠铃的时候，你会感觉二头肌在伸长，鼓起的部分会消失。

大脑会发出肌肉收缩与伸长的信息，这一点有利于肌肉训练。其实，肌肉收缩与伸长是肌肉训练的必经之路。

3）错误观念：女性进行举重训练后，会壮实得像男人。

事实/真相：经常进行举重训练以及健身的女性，她们的身体变化方式与男性一致。至于变得更粗壮还是更苗条，取决于举重的重量以及训练的次数。其实，无论体形变化如何，在训练的过程中，身体的脂肪都会减少。

事实上，女性进行训练的时候，肌肉确实会变得更紧实，但不会像男性那样"膨胀"。因为女性皮下厚厚的脂肪会从底层浮现出来，使得身体轮廓更加优美而不会形成块状肌肉。任何运动涉及下背部、腹部、臀部和大腿训练的话，这些部位都会相应变得更纤细。

你需要为力量训练建立目标（有氧训练同样也需要），并尽量遵循本书的指导循序渐进。这些指导专门为你设计，能有效地提高训练计划取得成功的可能性，并且保护你，降低受伤的概率，让你的训练与健身过程变得更加愉悦。

决定你的健身/训练目标是什么。

将它们写下来，以此督促自己不轻易食言，这不仅是养成新的好习惯的一个良好的开端，而且还能将计划成功的概率提高至少50%。

到医生/教练/营养师那做一个全面检查，以便了解自己目前的身体状况和健康水平，这会指导你有针对性地开始自己的健身计划。

定期想一想自己的目标，这会督促你不断形成良好的新习惯，并提高成功的可能性。

准备好合适的健身设备和服装（准备得越齐全，健身体验越好），确保自己的硬件条件尽可能好，因为这有助于目标的达成。

与那些有共同健身目标的人一起健身。

做好短期、中期、长期健身规划，写下并严格遵守计划，同时在必要的时候进行调整。

记录进度，这样做有助于自己进一步巩固新的好习惯。努力健身后给自己一些奖励，鼓励自己再接再厉，离目标更进一步。

确保在执行训练计划的过程中，饮食最大限度的供应，以弥补体力支出。

在运动的过程中，你可以经常性地重复自己最喜欢的，同时也具有一定激励作用的宣言。这不仅能促使你养成新的好习惯，而且能不断提供健身的动力，起到的作用等同于最棒的私人教练。

在训练过程中，照例要将呼吸融入进去。

在运动的过程中，不断检查并提醒自己保持正确姿势，脑海中要时刻出现运动的标准姿势。

每次做好充分的热身运动，像猫一样灵活地舒展筋骨。

健身后做好充分的拉伸运动，让肌肉彻底放松。

监测并记录自己的脉搏及其变化趋势。

愉悦地享受训练的整个过程。

（2）肌肉力量的训练方式

美国塔夫斯大学的研究人员对养老院内年龄在86~96岁的老人进行了一项为期8周的肌肉力量训练研究。研究结果表明：尽管训练时间短暂，但是被研究者的力量和平衡力均得到了急剧提升。此后，不断有研究表明：无论是否有器材辅助，肌肉力量训练都会帮助骨质密度的修复，缓解膝盖关节疼痛，并稳定两种类型的糖尿病患者对胰岛素不敏感的症状。

与有氧训练一样，肌肉力量训练的方法也很简单：每周反复锻炼4次，每一次时长为20~60分钟。时间长短取决于你打算将肌肉训练到何种程度。

接下来，我会讲解两种简单的训练方法，每周锻炼4次，你将会受益匪浅。

1）3×5法则

你需要先准备好一个特定重量的物体。无论是做出举、推、拉还是旋转等动作，最多只能做5次，第5次之后，你会觉得筋疲力竭，无法进行第6次训练，这就是该法则中5的含义。

举个例子，单手举重，利用二头肌举起（弯曲）重物的动作——这是运用上臂中体积最大的一块肌肉做到的，同时也是男性炫耀肌肉力量的传统方式。

其实，3×5法则中的3指的是反复运动3个回合，而其中每一回合都抓举5次，即你的极限。在第一阶段抓举5次后，休息1分钟（如果你抓举的重量与力量匹配得很好，你会发现自己真的需要休息，无法进行第6次抓举）。在休息的时候，血液会补给到你刚刚锻炼过的肌肉部位（有氧运动的原理解释了这一点），这些得到血液补给的肌肉就会为下一轮抓举做好准备。

第二轮运动与第一轮的方式完全一样，但是第二轮运动可能没那么费力，在第一轮运动过后，你的肌肉因进行了满负荷运动而感到酸疼，而休息可以起到缓解肌肉压力，恢复能量的作用。

与第二轮运动不同的是，第三轮运动是最艰辛的。因为前两轮运动，你的肌肉用力程度已接近极限，处于极度疲惫状态，然而最后一轮运动你还要举5次，在肌肉力量到达极限的状态下，你只能勉勉强强完成第3次任务。

当进行到第三轮运动的时候，你的身体变化与有氧运动时的身体反应一样：你会感受到目前的肌肉力量暂时无法达到训练要求，因此你还需要进一步努力才能完成任务。此时，身体的即刻反应是：必须增加肌肉的力量。于是，身体通过扩大体积、增加力量的方式，积极地构建新的肌肉组织。当你觉得执行的最后5次抓举任务变得轻松的时候，你就可以适当增加负重，这就是3×5法则。

每次运动，随着你抓举的次数越来越多，例如从6次到20次，肌肉的耐力和力量也会不断提高，手臂肌肉逐渐拉长，线条的形成也越来越明显。这些运动不会让你体力透支，而会让你变得更有毅力。

2）12-10-8-6法则

12-10-8-6法则是肌肉训练的第二种方式。一开始抓举的重量较轻，但是要重复12次，这属于一种较为剧烈的热身运动。第一轮抓举结束后休息片刻，继续运动。第二轮抓举的重量有所增加，但是此阶段只需要重复10次。

休息片刻后开始第三轮抓举。与上一轮抓举一样，第三轮的重量继续有所增加，不过此阶段只需要重复8次。至此，你的肌肉已经倍感压力。休息片刻后，开始第四轮抓举，但是这次你只需要重复6次（根据个人意愿，也可以是5次），这与第一种3×5法则的最后一个阶段是一样的。

这两种肌肉训练法都非常有效。一旦你决定开始锻炼，请鼓励自己努力尝试，寻找最适合自己的肌肉锻炼的方式。

每一种方式中最后一轮的锻炼目的都在于激发出你全部的潜力——运动量达到极限。如果你是在健身器材上锻炼，该器材就会为你直观地呈现出运动的剧烈程度。一开始是轻微的运动，运动强度曲线起点低，随着健身强度增强，该曲线会抵达最高点，然后下降。当你的运动强度达到最高峰时，你其实是在尽最大努力为自己创造身体机能转变的机会。与有氧运动一样，肌肉训练的最后一轮运动也会很吃力，但是如果没有这一轮，你的肌肉力量就无法实现从量变到质变的提升。

至此，我想强调的是：其实抓举的最后一轮就是意志力训练。在最后一轮的时候，你的身体用力达到了极限，你必须依赖你所做出的对目标的承诺，对运动的热情与专注才能完成任务。由此可推断：肌肉力量训练不仅仅是锻炼身体，更重要的是提升了大脑的意志力。

我们还可以通过最伟大的国际象棋大师，加里·卡斯帕罗夫（Garry Kasparov）的例子来再次确认：聪明的大脑存在于健康的身体中。在某次国际象棋特级大师锦标赛前夕，加里·卡斯帕罗夫在公开接受采访时说道：他的身体之所以如此健硕的原因在于每一次和大脑对抗后，他感觉全身都得到了锻炼。

所以，为了让肌肉力量整体得到提升，你应该做什么运动呢？

答案却出乎意料的简单。

（3）全身肌肉力量训练

如下图所示，把身体的肌肉群划分为不同区域并进行训练并不是一件难事。

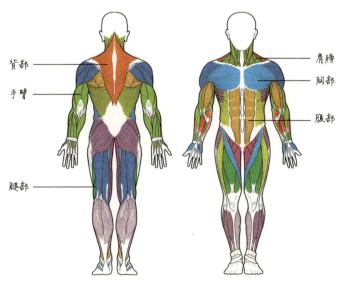

图 7-6　全身肌肉群分布

如果想要进行全身的肌肉训练，你就需要对图 7-6 所示的每一个肌肉群进行锻炼。

那么应该如何锻炼肌肉群呢？

例如：对于手臂而言，你需要锻炼手臂前部（肱二头肌）与手臂后部（肱三头肌）的肌肉群；对于腿部肌肉群，你需要锻炼大腿前部（四头肌）、大腿后部（绳肌腱）以及小腿后部（腓肠肌）。

就这么简单！

对于一项完整的全身力量训练而言，从根本上说，你仅仅需要对上述最基础的肌肉群进行训练即可，需要用到的健身器材也很少，例如：简单的哑铃设备、标准重训器材或者根本什么都不需要！

以下九组基本的训练动作可以帮助你锻炼主要的肌肉群：

- 肩膀：利用肩部举起哑铃。
- 胸部：杠铃卧推或俯卧撑。
- 背部：半跪的姿势，手臂轮流以划船姿势来回划动哑铃。
- 手臂：二头肌弯曲，肱三头肌伸展；俯卧撑。
- 大腿（四头肌和腘绳肌腱）：手握哑铃半蹲或跨步下蹲。
- 小腿：小腿向内弯曲形成一定角度托起哑铃。
- 腹肌：仰卧起坐。

锻炼的时候需注意：身体必须经历一系列运动、吸气、呼气和放松的过程。如果你采纳的是 3×5 法则，必须进行三轮，每轮要重复 5 个动作，每一轮动作的切换间隔需要休息 1 分钟。

（4）肌肉力量训练与有氧训练

了解肌肉力量训练和有氧训练的方法之后，你会发现最好的训练方式就是采取两组训练交叉进行，一天采用一种训练方法，这样我们的心肌与骨骼肌才会最大限度得到锻炼。

然而，你会说：我没有那么多时间对身体各个部位进行不同的训练。有没有哪种运动是可以一次性结合平衡、有氧、柔韧和力量的锻炼方式呢？

答案是肯定的。

本书在此推荐几种超棒的综合性健身法。

1）游泳

游泳是综合性健身法之中最好的方式之一，因为游泳本身就是一种有氧训练，也是一种身体灵活性和肌肉力量的训练。尤其是当你在泳池里做短距离冲刺时，就等同于在做"水上力量训练"。

游泳的一大优点在于"没有关节撞击"，所以，因受挤压而导致身体受伤的概率会大幅下降。

2）跑步

跑步与游泳在有些优点上是共通的，因为你在跑步的时候，全身都在运动，自然而然地将有氧健身与肌肉力量训练完美结合起来。有一点需要特别指出的是，跑步若采取正确的姿势，可以大大降低跑步者受伤的概率。

跑步比游泳更具优势的原因在于：当你运动的时候，你是在与地球的重力"对抗"，因此，你每锻炼一分钟，身体就要消耗更多卡路里。然而，凡事都有利弊，跑步时你对地面施加压力，你的身体同样也要承受地面的反作用力，膝关节等部位就会受到冲击。

跑步会让你身材变得更苗条。如果你想在跑步的同时训练肌肉力量，你还需要增加一定的短跑训练。

3）竞走

竞走的速度要快才能成为综合性健身！一旦速度快到一定程度，就几乎可以成为跑步了。两者的区别在于：竞走每分钟消耗的能量要少一些，并且对关节的影响要少一些。因此，运动时脚踝、膝盖和臀部受伤的概率会低一些。

4）划船

划船是一项对身体的要求极其严格的有氧运动：除了最基本的身体健康以外，同时对身体的灵活性也有要求，肌肉也要极其有力。姿势也是一个重要的参考标准，因为如果划船运动员的身体平衡性很好，那么在划船的时候他就会处于绝对的有利位置。

现在，划船测功仪在健身器材中的受欢迎及普及程度很高。测功仪的优点之一在于：它与电脑相连，可以定期显示划船者的用力程度。它也会快速便捷地记录运动的过程。与跑步和游泳一样，划船可以锻炼身体的主要肌肉群。此外，和游泳类似，划船也具备"关节免冲击"的特性，因此，训练所导致的受伤概率也会大幅下降。

5）跳舞

舞蹈，尤其是萨尔萨、拉丁舞、自由舞、爵士舞和传统舞蹈，既是人类娱乐的本能，也是综合性健身最好的方式之一，尤其是当你将不同舞种的不同舞步巧妙结合时，效果会更佳。

舞蹈有助于优雅姿势的培养以及肌肉力量、身体灵活性的训练，尤其是当你举起或接住舞伴的时候，效果更明显。与有氧训练一样，练习舞蹈也有时间要求，想要达到效果，每次至少坚持20分钟，而且需要不间断地练习。

此外，舞蹈也非常有趣，它让你身心愉悦，更具开放意识，同时也有助于减压。

无论什么时候，只要是有社交的场合，舞蹈都会派得上用场。

6）武术——合气道

在健身训练方面，武术是目前世界上发展最快的运动之一。武术集姿势训练和身体平衡性训练于一身，锻炼你快速解读对手的肢体语言，提高感官警惕性、身体灵活性以及肌肉力度。

武术的原理与"TEFCAS成功法则"以及"元－积极思维"一致：注重大脑与身体相结合。

合气道由日本的植芝盛平（Morihi Ueshiba）开创。大约在150年前，当时的植芝盛平还是个年幼弱小的男孩，目睹了父母如何被当地的暴徒殴打，这让他感到恐惧，同时精神受到了创伤。从那以后，他就励志要成为日本最强壮的人，他要练就强健的体魄来对付这些暴徒，让这些暴徒为他们的行为付出代价。

自此，他一直坚守自己的目标。

当植芝盛平成长为青年的时候，他已经是日本最强壮的男人之一了。据说，只要他的双臂环绕一棵大树，他就能将其连根拔起。

身体训练使植芝盛平的身体发生了让人难以置信的变化，他本人也被这些身体变化所吸引，于是开始研究柔术和空手道。几年后，他把所有的武术技能相结合，最终成为了日本最强壮的男人，也成为了日本顶尖的武术家。

他建立了训练学校，在各种比赛中仍旧战无不胜，被尊称为"日本的国宝"，该尊称只颁布给那些为本国人的身心素质做出过突出贡献的人。

也许你会认为他应该知足了！然而，事实并非如此，植芝盛平并没有停滞不前！

植芝盛平在50多岁时发现即使自己在武术造诣上称得上大师，每次比赛都能打败对手，可他的身体还是避免不了负伤，并且随着时间推移伤痛不断加剧。

植芝盛平认为肯定是哪个环节出了问题，于是，他开始探索避免受伤的新方法。

植芝盛平开始向马修·亚历山大一样，自省并做调查研究，他带领自己最优秀的学生隐退静修四年，研究身体锻炼与精神变化的过程，试图寻找"新方法"。

最后，植芝盛平成功了，这种"新方法"就是后来众所周知的合气道——将"精神与身体合二为一"。

（5）常见的行为——一种错误的锻炼方式

现在，你已经掌握了锻炼身体的重要方法。接下来，为了进一步探究锻炼健康身体的本质，让我们选取一个有趣的视角，通过观察那些平时最常见实际上却是错误的锻炼方式来进一步了解身体健康锻炼法，这次，我们以奥林匹克比赛为例。

假设，你在运动训练方面毫无基础，但是，你的目标是要通过训练成为顶尖的奥林匹克运动员。为此，你聘请了一位教练，该教练的训练方法有点不同寻常，以下的一些规则就是他专为开发你的身体而制订的：

1）为了迫使自己带着一定的"紧迫感"来完成上午的任务，请务必稍微晚起一点；

2）早餐必须包含：一杯咖啡加一片白面包，至少抽一根烟。咖啡要加牛奶和两勺糖，白面包涂上黄油和果酱。

3）禁止步行、跑步或者骑自行车上班，一定要每天开车上班。

4）你的工作必须是要求久坐的，且一天需要工作 8 个小时，如果连续工作不到 2 小时，就不可以离开座位。

5）房间必须开着空调，使用空调换气，禁止开窗让新鲜空气进入。

6）工作的地方使用白炽灯，只允许渗入一点点自然光。

7）午餐：方案一，三明治或者快餐，至少要喝一瓶酒；方案二，熟食小吃。

8）在工作时间里，你至少要喝 8 杯咖啡，或者不含酒精的饮料，但必须是甜的。喝咖啡或饮料的同时可以吃巧克力棒、甜甜圈或者饼干。

9）下班后，你必须开车回家，禁止步行、跑步或者骑自行车回家。

10）在回家路上，如果你想放松一下，可以去酒吧。

11）到了晚上，不做任何一种运动，也没有人鼓励你做运动。

12）夜间消遣活动包括：

- 下班回家小酌；
- 看报纸；
- 看电视；
- 晚餐有 3 个烧得很好的菜和充足的酒。

13）晚饭后，建议你至少加班工作一个小时。

14）加班结束就上床睡觉。

总之，除了偶尔参加一些大型的团体运动（每 2~6 周一次），例如，踢足球或者打棒球，你尽可能地不运动。

如果有教练试图改变你的现状，想让你的身体变得更健康、更快乐，你一定会不顾一切地反抗他。但是，如果你接受了训练，任由他改变你的生活现状，那么，试想一下结果会变得怎样……

事实上，以上描述的生活现状正是世界上千百万人的日常行为。

这些行为属于影响恶劣的坏习惯，但是，它已经渗入了人们的日常生活。我们所习以为常的行为带给我们的是一系列极糟糕的后果，正如接下来将要描述的青蛙实验一样恐怖。在该实验中，青蛙被放在装满水的大缸里活动，水满到可以溢出来。慢慢地，实验员给水缸加热。他们一致认为青蛙会从水缸中跳出来。但结果却是：即使水温上升，青蛙也在缓慢游动，直至失去活力，它们还是没有跳出水缸，最后当温度高到沸点时，它们被烫死在水缸里。

这与我们养成元－消极思维习惯的过程类似，都是被错误的思维习惯所入侵。这些在日常生活中不断影响着我们的行为习惯，看起来似乎很"正常"，因为其害处并不明显，所以，我们没有意识到自己已经养成了坏习惯。

为了说服自己采取正确的身体健康训练法，我们先来了解以下一些由于长期不运动所导致的身体问题：

- 身体各个部位机能受损。
- 肺部功能变弱，功能下降。
- 心肌不断收缩，心脏越来越弱。
- 血管中的血液不流畅，流动僵硬。
- 肌肉变得松弛，不紧致。
- 为全身提供营养物质的系统功能下降。
- 身体整体机能下降，感到乏力。

身体各个功能的正常运转离不开免疫系统的辅助，而坏习惯使得你的免疫功能下降，因而更容易导致生病。

所以，为了身体健康，积极地运动吧。

> 许多针对成年人健康的研究表明：长期久坐者患心脏病的概率与那些由高血压、抽烟或者胆固醇高引起心脏病的概率一样高。另外，不运动的人患冠心病的概率是长期进行运动的人的 2 倍，同时，这些不运动者患乳腺癌、糖尿病和骨质疏松症的风险也要更高一些。仅在美国，因缺乏运动而导致死亡的人数大概每年有 25 万人。
>
> 《新科学家》杂志，1994 年 4 月 23 日

关于运动的实践性指导

想要通过运动全面地锻炼身体，有四大要素必不可少：体形身姿、有氧运动、柔韧度以及肌肉力量。前三大要素在训练方面有特殊要求，因此最好形成一整套系统的训练计划。

训练的时候，对训练情况进行记录是个不错的辅助手段，记录内容包括：运动时间、活动范围（距离）、抓举重量、运动难易度、个人纪录、体重变化、肌肉大小变化以及心率等。再者，如果能给自己设计一张训练进度表，那就更好了。

即使运动前做了充分的准备工作，但是依然受伤了？

希望接下来我要分享的故事会让你对正确的运动方式有所了解。

> 我在早期的运动生涯，尤其是自己精力最旺盛的时期，与其他运动员一样，经常在训练的过程中遭受一些小伤痛的困扰。
>
> 训练造成的伤痛让我的心情很沮丧，精神一度因受到困扰而痛苦不堪。为此，我开始对训练感到厌恶。
>
> 尤其是跑步的时候，我经常扭伤左边的膝盖，并开始怨恨受伤的部位，因为它总是阻碍我梦想的实现。直至有一天，好像是突然得到了启示一般，我受到了极大的鼓舞：我突然开始意识到膝盖是我身体的一部分，是一件精妙绝伦的令人难以置信的"工件"，是陪伴我一生的伙伴。从我出生那一刻就开始陪伴着我，无私地，自

愿地，仅仅为我一人效劳，满足我的一切要求。为了帮助我实现梦想，它足足陪伴了我大约 30 年。现在它感到疼痛，是在对我发出求救信号。

它好像在说："东尼，帮帮我……30 年了，我在支撑着你走路、跑步、游泳、跳舞。然而现在，由于你姿势不对，导致我无比疼痛！如果你还坚持错误的动作，我可能再也帮不了你。东尼，快想想办法纠正姿势，帮帮我，请不要因为疼痛而厌恶我，我是在给你进步的提示。"

从此，我把所有伤痛与疾病看作是大脑与身体这两个"朋友"向我传递的讯息，这两个"朋友"把支持我、取悦我作为生活的唯一目的及快乐的来源。因此，如果它们有任何疼痛或不适，那么调整造成它们不适的行为和纠正不恰当的姿势就是我的义务与责任。所以我要照顾它们，就像它们一直照顾我那样。

如果你参考了我的这种元-积极思维方法，那么当你在锻炼中受伤时，就会发现，大脑和身体承受的压力大大减轻。

为使自己做到这一点以及做好身体锻炼情况记录，请先完成下面的大脑快速检测。

▎大脑快速检测——记录你的身体指标

环形指标分析图的作用在于帮助你记录在有氧运动、身体柔韧性锻炼、肌肉力量训练等方面取得的进步。每一个要素都有一个衡量指标，0 代表身体不健康，100 代表身体素质达到了奥林匹克运动员的水准。从现在开始，每训练一个月，就请给自己的身体情况做一个环形指标分析图。

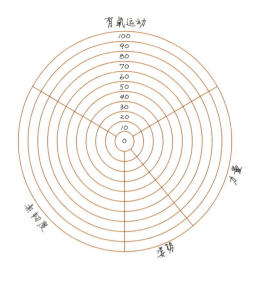

图7-7 环形指标分析图

我要推荐以下的训练步骤：

（1）一周做4次有氧运动，每次至少持续20分钟；

（2）做有氧运动的同时，也要提升身体的柔韧度；

（3）做有氧运动和柔韧度练习的同时，也要做肌肉力量训练；

（4）不断纠正自己的运动姿势；

（5）如果你是专业运动员（要意识到自己的身体是无价的），那么最好建立一个健康"智囊团"，包括专家、医生、教练、亚历山大技巧教学导师以及营养专家；

（6）在日常锻炼、每周锻炼、每月锻炼、每年锻炼、终生锻炼的同时，定期给身体设置休息与恢复时间——只有给自己充足的恢复时间，身体才会更健康，寿命才会更长；

（7）抽时间玩耍放松，通过玩耍来休息是所有综合性训练中最好的方式之一，尤其是当你有机会和孩子玩耍的时候，千万别错过——和孩子玩耍就像在健身馆锻炼一样耗费精力，但整个过程会很放松；

（8）给自己制定简单又健康的饮食菜单（见第8章）；

（9）给自己绘制一张创造性的思维导图，该图可以反映自己目前的健康状况以及未来的健身目标。一旦目标制订完成后就要立即采取行动。

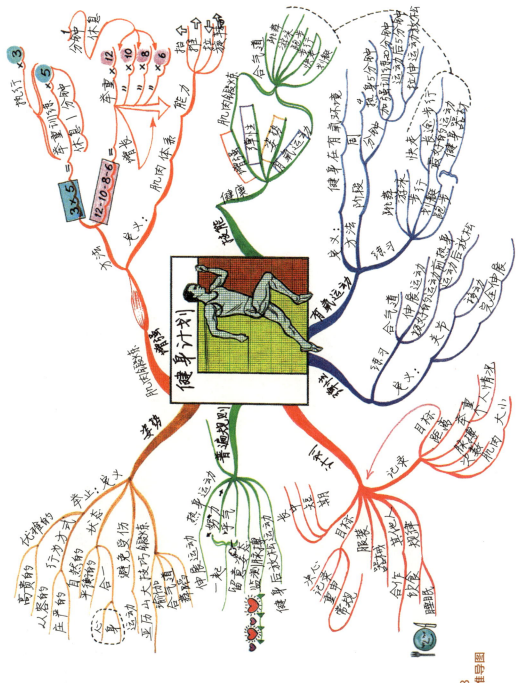

图 7-8 健身计划思维导图

chapter eight

第 8 章

大脑和身体所需营养

如何通过运动健身使自己保持身体健康，这部分内容已在前一章详细介绍过。本章将会进一步讲解如何从身体内部出发，运用自然力量——饮食及营养来治愈你的身体，让你变得更有活力，更加健康。自然力量治愈法比一些药物或者药草更安全有效，甚至比有些外科医生或者医疗手段更高明，它对你的身心健康发挥着关键性的作用。

引言——永恒的机器

> 思想与感受成就了你健全的身躯。
> 迈克·塞缪尔医生（Dr. Mike Samuels），美国加利福尼亚州海角诊所主任

25 岁那年，我正忙于四处求医，我不停地向医生诉苦水，说自己身体如何遭受小病小痛以及感冒的困扰，并抱怨身体有些部位变得脆弱，比不上大脑的反应灵敏。当时的我并没有意识到这些伤痛是由于自己一直以来的不良姿势造成的，甚至感冒这类轻微病状都与姿势的正确与否有密切联系。

医生就像一位好心却有脾气的老师一样，在听完我的抱怨后就开始教导我。之后，我对身体的认识产生了永久性的转变。

这位医生阅人无数，见过大大小小几千种病例，唯独有一件事让其印象深刻，那就是身体具有难以置信的自愈力量。他进一步描述称还有一件事令其至今仍然十分困惑：人体结构其实十分复杂，人体的自愈能力很神奇，可为什么有的病人还是会死亡呢？医生的这个困惑的确也让我感到震惊。

迈克·塞缪尔与豪哈尔·班尼特（Hal Bennet）作为我的医生，一起协助我抵抗伤痛。他们认为人体是个具有学习能力、生存能力和治愈能力的系统。300 万年来，人体系统一直实践着成功法则——TEFCAS，帮助我们解决困惑已久的医疗问题。如果你相信人类进化论，你可以把时间再提前一点，追溯到 400 万年前，那时，宇宙刚刚诞生了人类。

继续阅读本章内容，我相信你一定会认同我的说法。

强大的生命"军队"

现在让我们快速回顾第 7 章的内容，再次了解到身体实际的构成要素后，细想这 60 万亿个细胞给身体带来的变化——尤其是其中的 22 万亿个血细胞，你会对此感到震惊。

每一个细胞都是独立存在的个体，同时也相互依赖。它们聚合在一起构成一支强大的"军队"，这支生命力强大的"军队"比地球上其他任何一支军队都要厉害。

这支"军队"的威力是无可比拟的。它们是一个整体，但同时内部也分为很多个小部队，其中包括：

- 支撑者——骨骼。
- 全面的分析者、观察者、预警系统——各种感觉器官。
- 制造者——数万亿致力于身体生长和能量供给的细胞。
- 运输者——细胞被划分为两组，一组负责排放废弃物，另一组负责将营养物质运输到身体的每一个细胞。如果以它们的体积为一个单位，那么这些细胞所走的路程是自身体积的上亿倍。从这个角度来说的话，构建金字塔的材料搬运工与它们相比就显得渺小了。
- 综合帮助者——这支庞大"军队"具有存储、加工、维持、调节等功能。
- 战斗者——抗体，主要由蛋白质构成，它们会与身体内部的"敌军"作战。每天作战次数有上百万次，成功概率在 99.9% 以上，它们的武装设备和作战方式使得黑带等级的武术家以及星球大战中的精英部队都略逊一筹。

我们经常感慨蚂蚁巢穴的复杂性，敬畏蚂蚁们能制造出如此完美的组织，以及它们的勤劳。其实，我们的身体构成比蚂蚁还要复杂得多，在大脑（大脑皮层）没有参与的情况下，各个细胞在整个身体中有条不紊地执行着各种任务。

那么，这支庞大的"军队"需要你的帮助吗？

当然需要！

首先，它需要你进行有氧运动来保证自己身体健康。因为只有身体健康，

22万亿个血细胞才会变得更健康，从而更好地完成每一个细胞应该肩负的重要职责。身体内部血液运作的总指挥官——心脏，在压力下会跳动得更灵活、更有力、更轻松也更加有耐力。

其次，身体锻炼的姿势要正确，这样的话，这支庞大军队的路径才会畅通无阻、运行流畅，与身体其他部位衔接得当。

第三，肌肉要强健且有力量，坚实的肌肉组织能保证身体内部各个重要组成部分得到营养物质的支撑。

这三点又分别各自再一次强调了前面章节提到的关于运动健身的几大要素。

除了这些，你还能做点其他的来支撑强大的身体吗？

当然，而且你可以做的还有很多！除了身体健康，还有营养健康！

身体对生活习惯以及饮食的要求很高，另外，要避免负能量的影响，保持积极的人生态度，作息要有规律，不能乱用药或者过量用药，同时，保持良好的情感状态。如果其中任意一项被打乱，由细胞组成的这支庞大"军队"就会受到影响。身体内部的每一个细胞都会受牵连，可能会导致身体某个部位的不适，甚至使身体患病。

到此，你会发现：大脑、精神和意志三者与身体是相互关联的，是一个统一体。其中，大脑是最主要的器官。

你也将会逐渐明白：聪明的大脑住在健康的身体中。本章接下来的内容以及后面的章节将会带领你全面地学习如何培养健康的身心。

为大脑和身体补给营养物质

20世纪90年代中期，美国慢性疾病预防与健康提升医疗中心的研究员对49个州的107000名男性与女性进行了研究。

该研究发现：大部分人实际上不知道如何健康地饮食，也不知应该如何锻炼身体，他们几乎不知道饮食得当与适量运动之间的联系，以及该联系对人体的重要作用。具体研究结果如下：

35%的男性与40%的女性尝试减肥，但是他们不知道自己所吃的食物包含多少卡路里，也不知道自己所吃的食物含有哪些营养成分。

一共有58%的男性及63%的女性在锻炼身体，但是他们每周的运动时间少于150分钟。

大家对饮食营养与身体锻炼之间关系的认知少之又少。

美国人每年在减肥产品以及与减肥相关服务上的花销是33亿美金。但是，当你看了这项令人吃惊的调查结果之后，你会感叹这些花销大部分都是浪费。

为了达到理想的健康状态，我们需要解决两大问题。第一，随着社会的发展，我们的主要饮食发生了哪些变化？第二，作为人类，我们基本上需要吃哪些食物？

300万年的进化史

大约300万年前，住在地球上的人并没有种植自己要吃的食物。当时人口数量很少，根本就不需要依赖农业来提供食物，光狩猎就够了。

当时大部分的人都是"杂食动物"——他们几乎不挑食，有什么吃什么。

因此，他们主要吃的季节性食物包括：绿叶、根茎、种子、坚果、草莓、水果、昆虫以及蛋类，有时候能幸运地捕捉到鸟类或者小动物的人便可以开荤。住在靠近湖泊、河流和大海附近的人（其实这是大部分原始人的居住环境）的选择则更为丰富，他们可以吃诸如蟹、虾等甲壳纲动物和鱼类，也可以吃到许多海草类食物。

人类的饮食习惯有300万年的历史，在大自然的恩惠下，对食物的选择逐渐变得丰富，例如我们可以吃到不同品种的蔬菜、坚果和水果，还有鱼或者其他动物的脂肪和蛋白质进行营养补给。除了更多选择外，我们的祖先所吃的食物都是纯天然的，原材料没有被添加任何化学品加速生长过程，全部都是自然成熟的产物。

我们应该吃什么

我们应该吃什么？这是接下来要探讨的话题。最简单的方法就是先看看我们身体的消化系统长什么样子，以此来决定吃什么。首先从嘴巴和牙齿的地方开始，然后到胃，最后到大肠和小肠。

我们可以通过对比食草动物与食肉动物来推断我们自己该吃什么。食肉动物的典型代表有大型猫科动物，它们很少有嚼牙，却有又大又长可撕裂肉块的牙齿，它们的肠胃是用来专门消化这些肉块的。而食草动物中典型代表有牛和羊，它们的牙齿不长，前牙平滑锋利，可磨碎、扯断食物，肠胃是专门用来消化叶子和草的。

那我们人类呢？

从牙齿的特性来看，我们更像食草动物。但是，我们更特别一些，我们的牙齿和食肉动物一样，可以撕裂肉块，而且我们的消化系统可以消化一切食物。人类300万年的饮食习惯很好地诠释了一个词：杂食动物。

身体与大脑所需的食物

从刚刚的内容可以推断：人类几乎有什么吃什么。接下来，让我们来看看大家都习以为常的那些饮食知识，但其实它们中有一些都是错误观念。只有当这些错误的认知得到纠正后，我们的饮食才会变得更健康。

（1）错误观念：身体需要补充盐类。因此，餐桌上摆着精制食盐时，不要怕浪费，可以随意在肉和菜上加盐。

事实/真相：身体的确需要补充盐。但是，一份营养全面的食谱已经包含足够的盐。我们每天对盐的摄入量为1000毫克（大概小半勺），如果你吃的是已经加工过的食物（尽量少吃），那么这个摄入量已经足够，不需要再往食物上加盐，因为这些加工过的食物在制作时已经加了盐。请你在食用这类食物时，注意查看罐头上标注的盐含量。

2001年1月，《新英格兰医学杂志》（*the New England Journal of Medicine*）报道：大部分人用盐过量，这会大大升高血压，这在高血压患者身上则表现得更为明显，而高血压是提升中风和心脏病概率的隐性因素。研究表明：用盐过量的人每天将食盐量降至1000毫克可以明显降低血压——无论种族和性别，即使血压正常的人，按照这个食盐量的摄入都可以起到降血压的效果。

（2）错误观念：吃糖会使得身体更有精力。所以应在锻炼身体或者脑力劳动前补充充足的糖分。

事实/真相：身体需要补充糖分，但是必须是自然糖分。也就是说，蔬菜和水果本身就含有糖分，同时这些食物也含有维生素和矿物质，可以帮助糖分更好地被人体吸收。精制的蔗糖不含体内进行新陈代谢所需的这些维生素和矿物质。当人体要消化吸收这些精制蔗糖时，身体不得不利用体内的维生素B来辅助摄入糖的转化。所以，精制蔗糖的摄入，一开始虽会使得身体能量得到补充，但当这些糖转化的时候会损失大量能量，最终导致损失的能量大于你获取的能量。

这就是为什么补充糖分过多的人在糖分摄入一段时间后通常觉得无精打采；这与比赛前摄入糖分的长跑运动员一开始感觉刺激兴奋，很快兴奋感就会消失的原理一样。

（3）错误观念：好的饮食习惯意味着顿顿要吃大餐。

事实/真相："好的饮食习惯"与一天三餐是不一样的概念。熊与其他冬眠动物一样，都是要"大吃大喝"的动物，因为它们需要储存大量的脂肪熬过寒冷的冬眠期，所以，这些动物需要一次性吃个痛快，让自己吃到撑。而我们人类则更像诸如牛和羊等素食动物，吃得少，但是需要一直不断地吃。

对于人类而言，理想的做法是有规律地吃，少食多餐，每隔几个小时吃一次，一天大概吃4~6次。

依照这种少食多餐的进食法，你身体所消耗的卡路里会稍微有所提升，身体也不会因为暴饮暴食而出现昏昏欲睡、没精打采的症状，因此也同样不会出现"吃撑发胀"的感觉。少食多餐，能让你消化系统的负荷量减少的同时，营养吸收效果明显增强。

另外，这种少食多餐的饮食习惯会使得你的大脑产生这样的潜意识：还有很多食物在等着我！这样，你就不会想着暴饮暴食要吃光所有的食物，以免下一餐就没有了。

（4）错误观念：吃得好意味着必须有一顿丰盛的早餐。

事实/真相：既对又不对。皇家医学学会委员、麦卡里森学会前任主席安德鲁·斯特林格（Andrew Strigner）关于营养对身体健康影响方面所做出的调查结果既有趣又令人信服。

斯特里纳博士指出：通过对传统英国人的传统早餐进行研究，发现了对健康饮食有利的借鉴，因为他们的早餐非常丰盛，其中包含鸡蛋、香肠、培根、豆、西红柿、蘑菇和油炸面包。

这种早餐吃法源于谁？

英国的农民。

那英国农民什么时候开始吃这么丰盛的早餐呢？

在寒冷的凌晨，早上5:00~7:00，他们在从事举重物、攀登、搬运、挖地、挤牛奶等辛苦工作2小时后开始吃早餐。

他们所做的农活相当于2小时剧烈的有氧运动和力量训练，如此辛劳的他们的确需要一顿丰盛的早餐。如果你在早餐前也做了如此剧烈的运动，确实有必要吃一顿这样的早餐。但如果你早上没有运动，只是起床半小时后开始吃早餐的话，建议你少吃一点，"七分饱"即可，接下来的每一餐饭也少吃一些，不需要那么丰盛。

（5）错误观念：脂肪对你的身体有害。肥胖被视为引发糖尿病、动脉阻塞、心脏病、胆固醇过高以及高血压等疾病的罪魁祸首。此外，脂肪还会使体内尿酸增高，从而导致痛风、动脉硬化、关节炎等疾病。脂肪还会引发功能退化性疾病、过早衰老等。过于肥胖的话，身体更易患动脉硬化以及癌症等疾病。总之，肥胖会使得残疾或者死亡的风险提高。所有的这些症状，最严重的是：肥胖会使得你行动不便、迟缓、不适，甚至无法移动，整个身体状况变得极其糟糕！

事实/真相：过于肥胖确实不利于身体健康。但是，适量的脂肪对身体是有好处的,没有了脂肪,一系列生命活力也无法正常进行。以上关于脂肪的错误观念,有点危言耸听。其实,脂肪过多才会不利于身体健康。

接下来,让我们来了解一下脂肪对身体的重要作用。

英国伦敦皇家医学院的西蒙·科派克(Simon Coppack)和剑桥大学的脂肪组织专家斯蒂夫·托尼(Steve O'Rahilly)开展了一项研究,结果发现:脂肪在身体内部各器官交流方面发挥着重要作用,且组织结构很复杂。更重要的是,他们发现脂肪是一个巨大的器官,而且是我们人体内最大的器官之一。托尼说:"这项研究结果重新确立了脂肪在人体中的重要地位。"

那么,近来有什么新的研究能证明脂肪对你有用呢?

与其他器官不一样,脂肪遍布全身,且身体中有许多专门储存脂肪的地方。并且,身体内部所有的器官都可以储存脂肪,脂肪保护它们免受伤害:除了起到隔离保暖的作用,跌倒时,脂肪还起到垫子的作用,缓冲可能给关节造成的伤害,使得自我恢复能力增强。此外,脂肪还可以减轻炎症,是血红蛋白(运输氧气的血红细胞)作用得以发挥的很重要的一部分,因为脂肪有利于血红蛋白更好地融入毛细血管,使得体内的氧气和营养补给变得充沛,最后使得身体的能量更充沛。

脂肪储存于身体内部,有时候身体需要脂肪补给能量时,它会主动"释放"能量。脂肪可以提升新陈代谢,增加肌肉力量的睾丸素(男性荷尔蒙)的分泌。脂肪还可以产生一种激素叫作瘦素,可以给大脑传达身体储存能量的信息。最后,与水一起,脂肪构成了大脑的主要成分,一起塑造健全的身体。因而,给身体补充适量的脂肪很重要。

为大脑提供食物

合理地规划饮食,会使你变得更聪明。

1999年,英格兰的饮食研究协会对那些为了使身材变苗条(这种想法表面是积极思维,其实是一种消极思维,见第4章)而节食的女性进行研究,结果表明:她们体重非但没有下降,反而是记忆力、反应时间、注意力的持续时间都下降了。

研究对象是自愿报名的 69 位女性。其实她们的精神状态之所以下降并不是因为饮食变化，而是来自于影响力巨大的坏习惯。1999 年 9 月 17 日《泰晤士报》的一篇社论对此做了一个简要的结论：

那些想要减肥的女性，最终只会变胖。因为食物影响着我们的心情，吃得越少，我们越倍感压力。所以，只要问她们任意一个关于减肥饮食的问题，她们都会回答："你越是迫切地想要减肥，体重下降得越慢。"

▎情绪与记忆力

大卫·本森博士（Dr. David Benson）在斯旺西的威尔士大学对 832 位年轻女性进行了记忆单词能力的测试。测试结果十分有趣：没吃早餐的人情绪低落、记忆力差；吃过早餐的人心情愉悦，态度积极，记忆力状态比没吃早餐的人要好很多。本森博士认为吃过早餐的人的血糖水平高一些，所以他们的记忆力强一些，表现得也就更好。

▎营养对人的影响

奥克兰大学附属营养研究所的迈克·科尔根博士（Dr. Michael Colgan）主持了三个重要的研究项目，其目的在于检测营养对毅力、力量、智商水平以及行为的影响。

（1）毅力

第一组测试的研究对象为年龄在 26~35 岁，参加过马拉松比赛的男性。根据年龄、赛事经验、参加马拉松比赛的次数以及训练阶段等因素进行分组。此外，分组因素还包含他们体内的矿物质以及维生素含量水平。

测试时间持续 6 个月。为了使研究对象的营养水平达到最大化，第一组的两位研究对象得到了矿物质和维生素补充，而另外一组的两位研究对象所吃的是安慰剂，看起来含有矿物质和维生素，实际上是没有的。

所有的研究对象都认为自己体内得到了矿物质和维生素的补充。

为了使得研究变得更有趣，3 个月后，在被测试者不知情的情况下，第二组所吃的安慰剂被改成是真正的矿物质和维生素营养剂；相反地，第一组受试者所补充的物质换成了安慰剂。

测试结果让人吃惊。前3个月得到矿物质和维生素补充的运动员在那段时期的训练取得了明显的进步。但是，一旦停止摄入，他们的表现就下降了。

另一方面，一开始就摄入安慰剂的运动员在前3个月的表现一般。但是，后3个月当他们摄入了真正的矿物质和维生素之后，表现惊人。有一位运动员前3个月训练吃的是安慰剂，但结果比他第一次测试马拉松的时间快了2分8秒；后3个月摄入了真正的矿物质和维生素之后，营养得到了补充，跑步的时间又快了8分52秒。

（2）力量

第二项研究的测试过程与第一项研究是一样的。只不过这次要测试运动员的单臂力量，实验对象为奥林匹克举重运动员。

前3个月，补充安慰剂的举重运动员成绩提升了10%~20%；而真正得到营养剂补充的运动员则进步了40%~60%。

后3个月，不再提供真正营养物质的运动员水平一致下降；相反地，营养得到真正补充的运动员水平又提升了3倍。

（3）智商

第三项研究在奥克兰大学心理医疗中心进行，研究对象包括16名儿童，其中包括由于大脑轻微受损导致思维过度活跃或缓慢的学习者。所有受试者的饮食都经过调整，例如，加工食品有所减少，饮料和甜品也相应减少，目的在于降低受试者体内重金属含量，帮助他们摆脱过敏症状的困扰。

科尔根博士的研究报告表明：大概在3~6个月的时间里，每一位受试者在家、学校和医疗中心的行为都得到了转变，他们身体的协调能力、语言表达水平和阅读技能均得到了提升。

有一项研究结果是科尔根博士没有预料到的，而该结果也是本次研究最大的收获：受试者的智商发生了变化，智商值提升了5~35点，也就是说受试者的平均智商提升了17.9点。由于营养物质是该项研究中的唯一变量，因此，研究员都确信是营养成分的补充使得学习者变得更聪明。

位于加拿大多伦多的老年人护理中心——贝克列斯特中心，针对脂肪含量偏高的食物会对大脑产生怎样的影响做了研究。实验受试对象为两组一个月大的老鼠，它们的饮食结构一样，营养非常充分。唯一的区别在于：对照组只有 10% 的卡路里来自饮食中的脂肪，而实验组所摄入脂肪的卡路里含量达到了 40%。

4 个月大的老鼠，相当于人类到达青春期的末期，研究员针对此阶段老鼠的学习能力和记忆能力进行了研究。

低脂饮食的老鼠表现较好，而高脂饮食的老鼠则表现糟糕。其中一位主要研究员戈登·温诺尔（Gordon Winocur）说："饮食中脂肪含量较高的老鼠的表现完全达不到我们的标准，它们受到的损害值得我们注意。"

由此，研究员根据老鼠们的表现推测：胰岛素是管理血糖含量水平的重要因素，而脂肪可能通过干扰胰岛素，使得大脑不易吸收葡萄糖。饮食中脂肪含量过高，通常会影响胰岛素的吸收。因为肥胖而患糖尿病的成年人，也常常都会出现记忆力下降问题。

前面我们提到过脂肪的重要作用，那么在饮食中摄入多少脂肪才最有利于身体健康呢？接下来，让我们首先来了解与脂肪关系最密切的营养要素——卡路里。

卡路里

卡路里是我们测量身体能量的单位，1 卡路里的能量或热量可将 1 克水在 1 个大气压下的温度升高 1℃，不得不说，卡路里着实让我们疯狂。尽管如此，很多人压根不知道什么是卡路里。

以下几个数据让我们对卡路里的重要性有所了解。第一，1 卡路里代表着很小一部分的能量；第二，我们能非常方便地测量身体吸收以及释放的卡路里；第三，身体具有不可思议的能力：将摄入的食物转化为能量。

我们生存所必需的卡路里也许是你无法想象的：

（1）即使什么也不做，我们每天至少需要为身体提供 1500 卡路里的能量，这样才能保证心脏以及心血管系统的正常运转，维持呼吸、消耗以及正常体温。

（2）在 1500 卡路里的基础上，你每天需要再供应 800 卡路里（一共 2300 卡路里）才能做其他事情，例如起床、开车上班、乘电梯上楼、办公、下班开车回家、看电视、上床睡觉等。

（3）如果你想满足健康最基本的要求，你还需要在 2300 卡路里的基础上，外加 300 卡路里，即 2600 卡路里。你每天必须运动至少 2 小时，包括步行、举重。但要注意的是避免维持长时间的剧烈运动。

（4）如果想要进一步提升身体的健康状态，那么你需要每周运动 5 次，也就是说每天要外加 500 卡路里，即每天需要多消耗 3100 卡路里。

至此，你已经了解了卡路里与身体健康程度（身体运动状况）之间的关系，包括身体需要多少卡路里，以及为了达到理想的健康水平，你需要何种程度的锻炼。以下数据会让你对体内的卡路里消耗有进一步认识。

不同的运动类型消耗 100 卡路里所需的时间

时间（分钟）	运动（类型）
7	跑 1500 码（约 1371 米，7.3 英里/小时，约 117 千米/小时）
9	骑自行车 2 英里（约 3 千米，13 英里/小时，约 21 千米/小时）
9	游泳 400 码（约 366 米，45 码/小时，约 41 米/小时）
10	滑降滑雪
14	网球
20	高尔夫
20	园艺工作
20	步行 1500 码（约 1371 米，2.6 英里/小时，约 4 千米/小时）
22	保龄球
31	洗衣服、洗澡、刮胡子等
80	卧床休息

健康专家莱斯利·肯顿（Leslie Kenton）对年龄在35~74岁的17000名男性进行了长达10年的研究，目的是进一步探究卡路里与健康之间的关系。最终发现，不论处于哪个年龄段，每周消耗卡路里低于2000的人比每周消耗卡路里高于2000的人患心脏病的概率要高出64%。

但这并不意味着卡路里越多越好。如果你摄入的食物所含卡路里高于你运动所消耗的卡路里，那么过剩的卡路里会堆积起来，最后，你的体重将"蹭蹭蹭"地上涨。很多疾病就是因为体重超标引起或者加重的。所以，如果你想身体健康，最好的方法就是找到自己理想的体重，然后保持它。

尽管如此，有一点需要明确的是：体重仅仅是衡量身体健康的指标之一。即便是身高、体重相同的人，他们的身体健康状况也可能千差万别。

当你开始训练之后，你可能会惊讶地发现体重只是下降了一点点，但是不要慌也不要泄气，运动健身是一个需要持之以恒的过程，要坚信，你的身体正在往好的方向发展。

运动有助于人体内脂肪燃烧，帮助肌肉的塑成，这一点在坚持运动2~6个月之后表现得尤为明显。在这期间，你的体重基本没有变化，但是体形却发生转变，肌肉会变得结实，身形更加紧实而健美。

除了肌肉和体重发生变化以外，身体其他方面的机能也在不断得到改善。

在运动期间，你的体重一周后在磅秤上看似减了1磅，但是你减掉了不止1磅的脂肪。与此同时，你的肌肉会不断增强，心脏体积变大，心脏内流通的血液也会增加，而且血管会越来越强韧，此外，新的毛细血管也会不断增添。最后，反而导致体重的增加，但这是好消息，因为你的身体从中受益，你变得更健康。总之，这种情况下，无论体重下降或上升，身体都在往好的方向发展（见第7章）。

▎三大营养素：脂肪、蛋白质和碳水化合物

为人体供给能量的三大营养物质包括：脂肪、蛋白质和碳水化合物。

（1）脂肪 "有益"脂肪与"有害"脂肪

第8章 大脑和身体所需营养

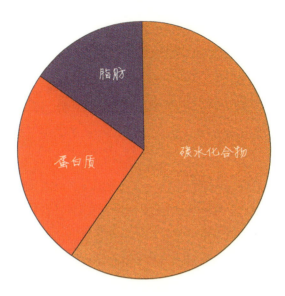

图8-1 人体能量的三大来源

我们身体的能量供给主要源自脂肪、蛋白质和碳水化合物。脂肪是构成我们身体最重要的组成部分之一,在保护身体免受伤害以及为身体提供能量方面发挥着很大的作用。我们需要不断地为身体增加"有益"脂肪,其中就包括ω–3脂肪酸。

ω–3脂肪酸通常存在于亚麻籽油和鱼油中。这些"有益"的健康脂肪包含人体内每个细胞维持身体运转的物质,因此,我们在饮食中需要摄入这些脂肪。ω–3脂肪酸可以降低动脉血液凝固,减少甘油三酸酯含量以及血液中不利于身体健康的"有害"脂肪。

"有益"脂肪被视为"重要的营养成分",并且被认为在构建肌肉方面尤为重要。世界著名的脂肪营养专家乌多·伊拉斯谟博士(Dr. Udo Erasmus)说:"重要的脂肪不仅使关节自我修复能力增强,还具有消炎作用。"

在身体训练方面,乌多·伊拉斯谟博士指出:

> 想要锻炼身体,增强肌肉力量,一定要在天然油中加入亚麻籽油(Omega-3)和葵花籽油(Omega-6)。我建议那些运动健身的人依据

213

自己的体重，按照每15磅增添一勺油的量添加。也可以用这些油制作热的或冷的食物，但千万不要烤或炸，因为高温会破坏有益成分。

"有害"脂肪在体内难以得到转化，导致血液阻塞。这类脂肪常见于鸡肉、火鸡皮、香肠、汉堡、五花肉、全脂牛奶制品、人造奶油、饼干、蛋糕以及油炸食物中。

"有益"脂肪也称为脂蛋白（HDLs），常见于大众喜欢的三文鱼、鲑鱼、鳟鱼、金枪鱼、马鲛鱼和鲱鱼等食物中。其实，洋葱具有与运动类似的效果，可以提升血液中的脂蛋白含量。

> 许多证据表明运动可以提升脂蛋白含量。有一项针对女性跑步的研究就证明了这一点：运动量越大，体内脂蛋白含量越高。
>
> 约翰·布里弗博士（Dr. John Briffa），
> 《每日邮报》（Daily Mail）的"健康专栏"医疗顾问

> 美国老年医学会2000年12月在其杂志上刊登的一篇文章证实了"有益"脂肪对身体的好处："有害"脂肪会导致动脉硬化等疾病，而"有益"脂肪能燃烧掉"有害"脂肪，提高身体机能，延长寿命。

（2）蛋白质

蛋白质是一种含氮的有机化合物，它是身体获取能量的第二个来源，它构建了身体大部分的组织成分，同时，也是我们饮食中重要的组成部分。

蛋白质常见于所有的鱼类、肉类、蛋、全麦食品（米饭、干豆、豆类、种子、坚果等），除此之外，大部分蔬菜也含有少许蛋白质。

（3）碳水化合物

碳水化合物是许多化合物的统称，这些化合物包括维持生命的物质——碳和氢。碳水化合物包含糖、淀粉（例如土豆），存在于所有的蔬菜、坚果和水果之中。但是，所有的蛋类、鱼类或者肉类都不包含碳水化合物。

最理想的碳水化合物摄入方式是：保证食物尽可能新鲜、纯天然。加工越精细，食物中天然的成分就会流失得越多，例如：维生素、纤维素、矿物质以及其他有利于身体健康的能量物质。如果所摄入的食物是非加工、纯天然食品，那么这些新鲜摄入的碳水化合物可以提升健康水平，帮助身体抵御诸如动脉硬化、关节炎等疾病。

诸如小麦、大米、燕麦、玉米、黑麦以及荞麦粉等谷物，含有大量的碳水化合物，有利于身体健康，还能使大脑变得聪明，也被称为"健脑食品"。因为这些食物可以提升血清素含量。血清素是一种重要的神经传递素，可以辅助大脑思维，使大脑变得聪明。

（4）维生素

虽然不属于三大能量物质，但是健康饮食少不了维生素。如同它的名字，维生素是给予生命以及维持生命的重要营养成分。它能保证身体的正常发育，保护并增强身体的免疫力。维生素对身体健康发挥着如此重要的作用，但是它在我们的饮食中仅占很小一部分，而且它不能像其他营养物质一样由人体自我合成，必须通过摄入食物进行补充。

维生素主要存在于水果和蔬菜中，但是蛋类、肝脏类、谷物和鱼类也含有维生素。营养均衡的饮食必须包含维生素，而且如果你本身缺乏维生素，在食补的同时，还需要补充一定的维生素营养剂。

人如其食

"人如其食"是句西方谚语，它指的是饮食可以反映出一个人的性格与生活环境。那么，所吃食物的质量与身体健康程度或者大脑思维快慢有关联吗？答案是肯定的，而且很多研究都证实了这一点。如果你想让自己身体健康、思维敏捷，你的饮食必须包含有利于心血管系统、消化系统和大脑神经系统发育的营养物质，这是几个世纪以来我们在饮食营养方面得出的经验之谈。

（1）普遍饮食规则

尽可能挑选新鲜食物。因为与罐头食品或者隔夜食物相比，新鲜食物营养成分"充足"，包含更多的维生素、矿物质和其他营养成分。

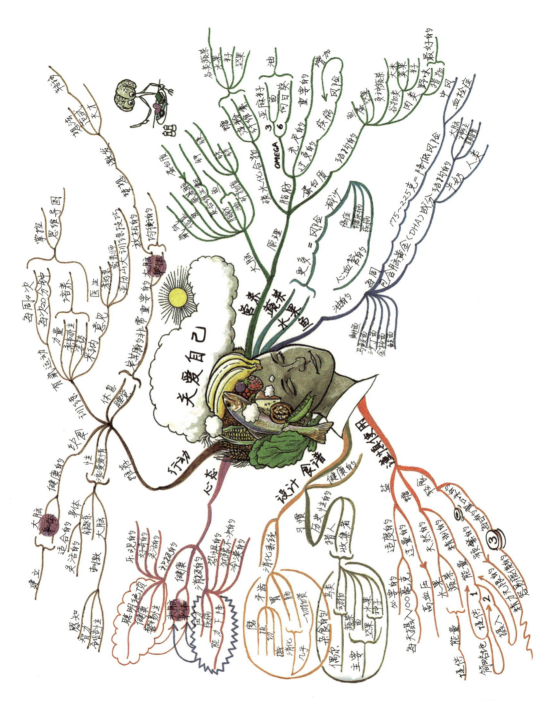

图 8-2 关爱自己思维导图

如果你所吃的食物足够丰富，那么你便可以尽可能多地吸收更多不同的营养物质。搭配丰富的饮食可以让身体及时补充各种所需的营养物质，但是如果你总是吃同样的食物，或者在很长一段时间内吃相同的食物，那么，某些营养物质会过于丰盛，而某些必要的营养会流失。

经常在镜子面前审视自己，通过体形来客观判断身体是否健康。如果感觉身体不健康，那么可以从饮食和其他方面改善自我。如果满意自己的体形，那么可以坚持现有的饮食以及锻炼方式！为自己建立一个新的良好的习惯："听从你的内心"。很大程度上，饮食习惯也是一种行为习惯。当有人给我们零食的时候，我们并不会拒绝，即便是吃一点点也好。例如吃饭时，看到菜单上有自己喜欢的咖啡或者茶饮，我们很自然地会下单；公司用餐时，当面前有很多食物可供选择的时候，我们会选择吃自己喜欢的食物或饮品。

我们曾对 2 岁的儿童做过一项实验。在房间内摆放尽可能多的食物。第一天的实验结果非常惹人担忧，一个小孩会大吃特吃巧克力，另一个小孩则吃了 10 根香蕉。然而两周结束后，实验的结果是两个小孩的饮食非常均衡。所以，听从身体本能的反应，身体（内心）会告诉我们它缺乏什么，让身体根据需求做出明智的选择。

接下来给大家所推荐的，是对我们大脑和身体都有益处的食物。以下主题中所囊括的各类食物，你完全可以根据自身需要进行选择，以最大限度地使你自己的身体受益。

（2）蔬菜和水果

蔬菜是健康饮食搭配中的基础，因为蔬菜中富含维生素及各类微量元素，以及清理消化道并保持消化系统强健有活力所需的大量纤维素。蔬菜很容易被快速消化，适量的摄入可以为我们提供充足的营养成分。同样，水果与蔬菜一样，需要纳入我们的均衡饮食中。

近来，加利福尼亚大学伯克利分校的格拉迪斯·布洛克（Gladys Block）对 200 多份营养学研究做了总结分析，结果证实：经常吃蔬菜和水果的人死于各类癌症诸如乳腺癌、肺癌、结肠癌等的概率是那些不吃或少吃蔬菜和水果的人的 1/4。且多吃蔬菜水果的人不易患心脏病。

另外还有一个维持长达 10 年的研究证明：素食主义者死于缺血性心脏病的概率是非素食主义者的 24%。

（3）坚果、种子和所有的谷物

坚果、种子和所有的谷物为我们的大脑提供了非常重要的营养成分，是所有"健脑食品"的高度集成。另一方面，因为它们都包含植物种植的基因，所以，在某种程度上，它们或许可以被视为"培养大脑"的食物。

（4）鱼

一直以来，鱼肉都被视为最佳的补充大脑营养的食物之一。脑化学和人类营养协会主任迈克尔·克劳福德（Michael Crawford）教授也证实过这一点：大脑大约 60% 的成分由专门的脂肪（脂类）或者液体构成，且大部分的成分是人体不能自我生成的，必须通过摄入食物来获取，最主要是通过吃鱼来补充。基于此，克劳福德教授对人类文明发展大多起源于河流和湖泊等海岸附近这一现象做出了大胆假设，这是由于这些地方的人可以吃到各类的鱼，为我们的大脑补充了丰富的营养物质。

英国布里斯托大学的科学家曾做过一个名为"90 年代的孩子"的研究，他们让 435 名孕妇详细地记录她们在怀孕期间的饮食。3 年后，这个团队对当年那些孕妇的孩子的大脑智力水平做了检测，主要通过检测孩子们对三维画面的认识程度。

检测结果具有重大意义：测试中获得高分的孩子的妈妈在怀孕期间每两周至少吃一次脂肪肥厚的鱼。其中一位科学家凯茜·威廉斯（Cathy Williams）说："吃鱼的孕妇的宝宝在三维图像识别能力方面比那些不吃鱼的孕妇的宝宝得分要高 1.5 倍，这主要归功于富含脂肪的鱼中的脂肪酸 DHA，不得不说，这一营养物质具有神奇效果。它是大脑、神经和眼部组织中的一大重要成分，这些器官早期与后期的发展都要依赖它的补充。此外，值得我们关注的是，除了富含脂肪的鱼以外，人类的母乳中也含有丰富的脂肪酸 DHA。"

该研究结果得到了美国医学会的进一步认可。2001 年 1 月，该协会在其杂志上刊文指出：一周摄入 225 克鱼肉量的女性，中风的风险远低于那些一周只吃大约 100 克鱼肉量的女性。

（5）肉类

肉是相当有营养的。但即便如此，我们一周最多也只能吃 2~3 次。如果摄入的肉类种类繁多，身体的合成化合物就会过剩。因此，我们最好选择有机肉类，或者野生动物的肉，在食肉量偏大的情况下，更应该适当地增加运动量。

▍大脑食物

此前在基本的健康饮食搭配菜单中，我们提到了大量的食物，这些食物为大脑提供各类营养成分（同时也为身体提供各类营养成分）。这些营养成分包括氨基酸（蛋白质成分）、复合维生素 B、鱼肉中大量存在的脂肪，以及矿物质例如钾、镁、铁、锌等，都对大脑和神经系统发挥着重要作用。总之，健康的饮食需要包含这些营养物质的食物。

你的身体越健康，消化系统越好，就会吸收更多的营养，血液便可以更高效地将这些营养物质运输到身体各个部分以及大脑。

每顿合理的膳食中都需要包含适量的盐和糖。所以，你没有必要再额外加入盐和糖（见第 204 页），这反而不利于身体健康。同理，如果将食物进行加工或者精炼，只会加重胃的负担，这些加工过的食物也可能会产生有害物质。此外，你需要控制每日奶制品以及小麦产品等的摄入量。过多的摄入会加重身体消化系统的负担。

第 8 章为我们分析了健康饮食对身体和大脑的重要影响。接着，第 9 章将会介绍如何正确应对压力以及休息的重要性，并详细讨论药物以及心态对身体和大脑的影响。

chapter nine

第 9 章

减压、治疗及其他

在前一章我们已经详细了解了如何通过锻炼身体来保持最佳的健康状态和良好的体形，以及如何为身体和大脑补充营养。这一章我将会继续为你讲解健全的大脑与健康的身体之间是如何相互影响的。接下来，我会重点讲解压力与睡眠对身体和大脑所产生的影响，以及通过分享一些能让身体放松的技巧来教会你如何应对疲劳与烦躁。

身心健康与压力

> 为了让病人明白精神状态和意志对身体免疫系统有重要影响，必须要让他们知道心理、情感与身体是一个统一体，是密不可分的……在病变的发生和发展过程中，不仅仅是身体机能发生变化，精神和意志也参与了整个过程。
>
> 卡尔·西蒙顿博士（Dr. Carl Simonton）

健康的身体和良好的精神面貌并不仅仅依赖于均衡的饮食、充分的营养补充或是体育锻炼，我们的大脑也在其中发挥着重要作用。我们的所思、所想很大程度上影响着身体的健康状况。同样，身体的健康程度也大大地影响着我们的精神状态。

心态直接影响着身体健康。恐惧、冷漠、固执、消极的态度会让人倍感压力，导致生病以及智力水平降低。这一点已经被英国医学协会和美国医学协会证实：人类80%的疾病是由消极的精神状态引起的。

英国邓迪市阿伯泰大学的教授约翰·麦克劳德（John Mcleod）对英国私营企业的10000名工人的压力程度进行了研究。2001年1月，麦克劳德教授给英国心理咨询协会递交了他的研究报告。报告指出：工人们的情绪不断失控。在如此沉重的压力下，许多工人面临着身心崩溃的危险。

麦克劳德教授的研究结果表明：就工人这个职业，有近15%的人都遭受了巨大的压力。更为严峻的是，另外一些重要的职业例如教师、社会工作者和警察，也有接近 1/4 的人正被巨大的压力所困扰。

麦克劳德教授说："这些需要心理咨询的工人感到极度困扰，甚至表现出和精神病医院的病人相似的症状。"

此外，麦克劳德教授还指出，精神受困扰的现象在当今社会越来越多，被困扰对象已不再局限于管理层，普通的办公室职员、体力劳动者也一样会面临这个问题。他还做了进一步的研究，发现因为不明焦虑/压力困扰而旷工的人员数目比过去因背疼、宿酒和胃疼等问题而旷工的人数还要多。

当今社会，压力逐渐成为人们生活的一大阻碍，而当人们面临压力时，压力会形成一种生化反应，它会改变人体内的化学激素水平，使得每一个器官都受到影响，在内部器官相互关联的作用下，身体内每一个细胞都深受影响。最后，随着压力的不断持续和加剧，我们的身体和精神都会倍感不适。

但是，如果你能够坦然地面对压力，对生活保持积极态度，能够坚定、变通，对世界保持好奇心，你的身体就会免于压力干扰，你的大脑也会更加清醒，自如地应对每一天每一时刻可能会出现的"头脑挑战"。

压力主要是精神层面的问题，其实这是好消息。为什么这么说呢？正如你所知，如果压力来源于精神层面，那么我们就可以通过心理指导与控制来进行治疗。

在讲解如何抵抗高压，使自己在压力面前变得冷静、轻松之前，我们先来检测一下自己目前的"压力状态"。

▎压力检测

（1）压力检测问卷表

我们可以从身体状况、行为举止以及心理状态三个方面检测自己目前所承受的压力。

浏览下面的问卷，如果所描述的内容与自身情况相符，回答"是"，反之，则回答"否"。

	是	否
身体方面		
经常感到心悸		
经常气喘吁吁		
无缘无故就觉得身体疼痛		
后背经常痛		
经常感冒或者发生轻微的病毒感染		
经常感觉眼睛看不清东西,觉得自己可能会昏厥		
经常受皮肤病困扰		
手通常是黏糊糊的		
出很多汗		
经常觉得胸口疼或者胸口发紧		
无缘无故地肌肉突然抽筋		
经常坐立不安		
经常消化不良		
经常便秘或者腹泻		
经常觉得头痛/偏头痛		
经常觉得身体疲惫		
经常觉得膝盖乏力		
早晨起床的时候,觉得身体很沉重		
行为方面		
经常磨牙		
经常紧握拳头		
为了获取"舒适感"吃很多东西,或者无缘无故没有胃口		
吃东西		
睡眠不规律,易受外界干扰		
做事仓促,尤其是吃东西或者说话的时候		

	是	否
觉得自己太忙，找不到时间放松		
抽烟次数变得频繁		
喝酒、喝咖啡次数变多		
变得易怒，尤其是在一些无关紧要的人或事上		
时间管理很差		
工作效率下降		
性格变得孤僻，没有以前开朗		
好胜心越来越强		
有严重的强迫症，难以控制		
行动仓促且冲动		
注意力不集中，甚至无法专心于任何一件事持续几秒		

心理方面

觉得自己心情沮丧、低落、抑郁		
与他人在一起时，感到自卑与不适		
通常觉得无力且无助		
感觉自己被他人所控制，而不是自我控制		
突然情绪剧烈波动		
从噩梦中惊醒		
有自杀的念头		
注意力很难集中		
通常觉得焦虑或者感到恐惧		
缺乏自信与自尊		
感觉自己以及整个世界的未来惨淡		
总感觉很无望，并且愤世嫉俗		
越来越易怒，情绪波动大		
不断有些偏执的想法		

（2）测试结果分析

在任意三个方面，如果回答"是"的次数比"否"的次数多，那说明你的压力水平处于平均之上；如果回答"是"的次数大于10，那说明你的压力非常大了，需要引起注意。

检测结果可以帮助你找到缓解压力的答案。为了读懂压力检测分析结果，你需要阅读下表。下表由瑞士的压力解析以及压力应对专家赛利博士（Dr. Selye）所研发。赛利博士发现，生活中的某些事情实际上能够帮助你释放形成压力的"化学物"。为此，赛利博士制作了一个压力等级表，可以快速测出你的受压指数。在赛利博士以及本书的指引下，你将学会如何恰当地缓解压力。

（3）压力等级

事件	压力值
配偶去世	100
离婚	73
夫妻分居	65
监禁	63
家庭成员去世	63
受伤或者生病	53
结婚	50
失业	47
复婚	45
退休	45
家人病情恶化	44
怀孕	40
性生活问题	39
家庭成员增加	39
商业重整	39
经济状况发生变化	38
好朋友离世	37

工作转行	36
夫妻争吵	35
大型抵押 / 贷款	31
抵押品赎回权 / 贷款资格的取消	30
工作责任的转变	29
儿子 / 女儿离家	29
与岳父母 / 公婆之间的麻烦问题	29
个人表现突出	28
配偶开始工作 / 失业	26
开始上学 / 结业	26
改变生活条件	25
改变个人习惯	24
与上司的矛盾	23
工作时长与环境的改变	20
搬家	20
转校	20
改变娱乐习惯	19
改变社交活动	18
小型贷款 / 抵押	17
改变睡眠习惯	16
改变家庭聚会次数	15
改变饮食习惯	15
节假日	13
轻微违反法律	11

通过以上的表格，你可以根据自己的压力来源估算出自己的压力等级。现在，让我们首先来了解一下压力与身体健康之间的关系。之后你可以通过培养新的好习惯改善自己的生活，让自己变得更加放松、平和且更加高效。

美国加利福尼亚州萨拉托加预防医学研究会的主任迪安·欧尼斯（Dean Ornish）在对压力所做的一项相关研究中得出结论：愤世嫉俗等态度与情感变化引发的高压会对身体造成不良影响，例如患冠心病。20世纪80年代，杜克大学医疗部的行为医学研究专家雷德福德·威廉斯博士（Dr. Redford Williams）与他的同事对25年前的255位医学生的病例做了研究。他们发现，具有厌恶情绪的学生比心境平和乐观的学生患心脏病的概率高出7倍之多，或者说这些学生甚至很有可能在50岁之前死亡。

基于该研究结果，欧尼斯博士对压力研究进行了更加深入的分析，他认为情绪和思想才是引发不少人患心脏病的主要原因。因此，欧尼斯博士提出可以参照心脏病的病因来治疗压力过大的症状。那该如何做呢？为了调整行为以及优化自身的情感状态，他建议我们进行冥想和瑜伽等活动，提倡健康饮食，减少药物的使用，尤其要少抽烟。

通过这些方法，欧尼斯博士在再次得到的治疗报告中发现，其大部分患有严重心脏病的病人都成功地摆脱了动脉硬化的困扰。

身体健康与压力

有氧运动可以显著影响压力水平，并且可以有效地缓解压力。相反地，如果你缺乏一定量的有氧训练，就可能导致身体不健康，心脏体积变小，心脏功能变弱，每分钟跳动的次数会达到80以上，你甚至能听到自己心脏"扑通扑通"的跳动声。心脏本来就脆弱，这种情况下，流经动脉以及静脉血管的血液更会不断变少，肺以及消化系统在执行自身重要任务时得到的能量也会变少，此外，为身体其他部位尤其是肌肉和大脑提供的"食物"质量也会下降。

然而如果你进行有氧训练，身体就会变得越来越健康，你的心跳节奏以及心脏对身体的影响则会完全相反。你会听到"砰砰！……砰砰！……砰砰！……"的心跳声，伴随着心脏的每一次跳动，你的肺就得到一次清洗的机会，消化系统能使得身体吸收五星级"食物"的营养。你的神经——肌肉系统就会随之充满活力，大脑也变得生气勃勃。

同时，心脏每跳动伸缩一次，你的心血管系统会随之扩大或缩小；心脏以及内在的血液每分钟会给你做 60 次按摩，让全身放松。所以，有氧健身训练可以说是最快捷、最自然的减压方式之一，让你遇事能沉着冷静，长此以往，身心都达到健康状态。

分析了上述两种状况后，你觉得你的大脑会选择哪一种呢？

▎减压

所有的动物中，为何人类所承受的压力最大？

为什么动物尤其是被捕猎的动物，例如鹿，就不受压力困扰？

其实鹿也有压力，只不过它们会用积极乐观的态度来面对压力，而且它们受压时间短。当面临威胁的时候，鹿的身体会急剧分泌许多化学物质，全身开启警备状态，积聚全部能量来应对威胁，即它们会突然调动大部分的能量来应付即刻面临的危险。这在后来也演变成了著名的"战斗或逃跑"反应[①]，这一应对压力的模式值得我们学习。

在这种高度紧张、注意力集中的状态下，鹿身体内部器官的修复功能以及长期分泌的生长激素会暂停分泌。但是，一旦猎人的狩猎终止，幸存下来的鹿体内的激素分泌就会即刻下降，身体激素回到稳定的水平。

那么，人类需要面对哪些压力呢？在当今社会，我们总是不断担心社会关系的转变，为考试、经济、社会地位、工作晋升、环境污染、社会犯罪以及整个世界的和谐等问题担忧。

因此，我们时刻面临着压力，长期处于"戒备"状态。在这种情况下，身心很容易疲惫至极，长此以往，身体就会被摧垮。

---

① "战斗或逃跑"反应：心理学、生理学名词，为 1929 年美国心理学家怀特·坎农（Walter Cannon）所创建，其发现机体经一系列的神经和腺体反应将被引发应激，使躯体做好防御、挣扎或者逃跑的准备。——译者注

> 长期遭受压力，或者短时期遭受重大压力，都会影响我们身体的免疫系统。免疫系统是我们身体里的"步兵"，随时准备歼灭有害的微生物或致癌物。没有了免疫系统的防护，身体的器官随时都会遭受病毒入侵甚至是癌细胞的侵扰。我年轻时认识的著名的外科医生威廉·奥尔吉维爵士（Sir William Ogilvie）提到过："只需环视一下会议室成员，对大家的压力进行一次评估，他就能预测谁将会生病。"
>
> 托马斯·斯图塔福德博士（Dr. Thomas Stuttaford），
> 《泰晤士报》医学咨询顾问

值得庆幸的是，一旦我们意识到压力是如何影响身体的，我们就可以更好地控制压力。

本书之前讲解过的技巧也可以帮助你缓解压力，例如：协同思维、元-积极思维、思维导图、创新性思维、运动健身以及合理饮食。

此外，还有另外三种专门应对压力的方法：可视化法、自我暗示训练法以及冥想。

接下来为大家介绍的是压力管理锻炼方法，掌握这种方法对我们的身心健康以及行为习惯都有深远的影响。

> 利用优越的生活条件，我们变得比以往任何时候都聪明，甚至发明了心理减压器。但事实上我们愚蠢至极，让这些机械设备主宰了我们的生活。
> 然而我确信……作为独立的个体，我们有能力应对压力，尤其是应对那些源于对不确定的未来进行思考和想象而产生的压力。
>
> 巴里·凯文（Barry Keverne），剑桥大学动物行为研究部门主任

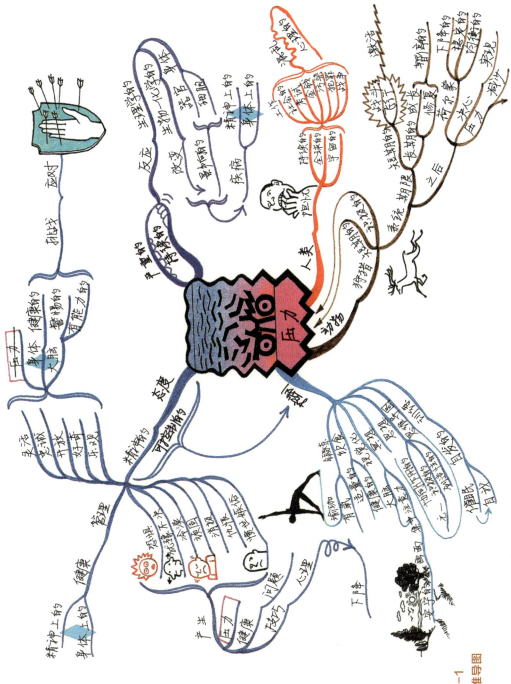

图 9-1 压力思维导图

减压技巧

▌可视化法

可视化法指的是通过想象让注意力集中在一些能让自己冷静处事或者对自己有益的事情的画面上，排除那些主宰你大脑，使你倍感压力的画面。

为了高效利用可视化法减压，你要确保自己处于一个相对舒适的状态。当你全身放松后，就可以开始逐步地练习可视化法的五个步骤。

前面两个阶段，大约使用五分钟即可。慢慢地，当你进入第三、第四、第五阶段的时候，你可以按照自己的意愿把控练习时间。

（1）第一阶段

闭合双眼，把注意力放到自己的前额，眼珠随之向上转动，仿佛从身体内部看向前额的中心。这样做的目的是创造出放松的环境，制造一种"漂浮"的感觉，同时，也为接下来的内部可视化做好准备。

（2）第二阶段

当你的眼珠在做向上看的动作的时候，选择一个颜色，让你的整个视觉都充斥着这个颜色。至于什么颜色，全凭个人喜好。你可以选择冷色系的蓝色和绿色；也可以选择暖色系的红色、橙色、黄色。

选择颜色结束后，你可以描绘不同的几何形状，例如圆圈、正方形、三角形，并根据自己的意愿，为这些形状涂上不同的颜色。

接下来，你可以将画面转换成操场，并配上各种运动的姿势与动作，例如跌倒、转弯、举重，通过不同姿势的变化，不断丰富并扩大自己的视野。

在做这一步骤的过程中，你的身体和大脑会逐渐地到达一个放松的状态。

（3）第三阶段

在这一阶段，描绘自己最喜欢的物体。当这个物体"自然地"进入内部视野后，你会变得相当愉悦。此时，你的注意力要非常集中，确保这个物体在你的视野内是非常清晰的，并且让它逗留尽可能长的时间。这个物体在你视野范围的这段时间，你是漂浮的或者是否有意识，都不重要。重要的是要清晰地看到这个物体，并使这个物体长时间停留在视野内。

（4）第四阶段

在这一阶段，你要把之前清晰可见的物体逐步转化为抽象的概念，并转化为多个不同的有细微差别的概念。

例如，抽象的概念可以是自由、美丽、幸福或者正义等。一开始你的视野可以先出现这个概念的词汇，然后你尝试开口说，从听觉上去感受这个概念，接着为这个概念构造优美的画面，然后通过精彩有趣的故事或者语言，将这个抽象的概念具体化。

一个有效的办法就是围绕这个话题，在脑海里构建（三维的）思维导图。

（5）第五阶段

可视化法的第五阶段是想象壮观景象时内心的感受。假设你站在珠穆朗玛峰峰顶上观望喜马拉雅山，创造一幅可视的图景，日落峰顶后，绝美的自然景色近在眼前。同时，你也可以想象壮观的远景，例如太空中的璀璨星球等。在此期间，你可以想象自己翱翔于这些近景或远景中，此举十分有助于减压。

赫尔大学的莱斯利·沃克（Leslie Walker）在一项研究中发现，同时接受减压法、催眠治疗法和化学治疗法的癌症患者的存活时间是单独接受化疗患者的 2.5 倍。沃克对 63 位来自苏格兰的淋巴癌患者进行了跟踪调查：这 63 位患者被诊断出在患病的 13 年间接受了减压疗法，哪怕只是简单地闭眼放松、回忆过去美好时光等最简单的减压法，也会让他们觉得生活幸福、充满了安全感，并且，这些接受减压疗法的患者的幸存率相当高。

自我暗示训练法

自我暗示训练法，也称为自我催眠法，是一种自我放松以及自我促进元 – 积极思维健康发展的方法，它能让你的大脑皮层发挥出惊人的能力来与"下脑"（脑干和小脑及周围部分）进行直接交流。

如何自我减压呢？首先，确保后背躺在一个温暖舒适的地方（最好是沙发或床上），或者坐在舒适的椅子上，可以放松四肢和肌肉。

接着，深呼吸 10 次，感觉自己全身处于不断放松的状态，尤其是在呼气的时候。

紧接着，双眼闭合，与可视化法第一阶段一样，眼珠滚动，模拟"眼睛盯着自己的前额"。

在这种状态下，慢慢地，注意力从脚尖开始往头顶移动。在此过程中，要不断地内视身体的各个部位，精神所抵达的每一处，都能让这个部位处于一种放松、平和与温暖的状态。通过这种方式，让自己感觉到仿佛身体的每一个部位都舒适地躺在床、沙发或者椅子上。

内视的路线如下：脚、脚踝、小腿、膝盖、大腿、腹股沟、臀部、下背部、背的中部以及上部、胃、胸腔、喉咙、脖子、肩膀、上臂、肘关节、前臂、手掌、手指、头部、眼睛（确保自己感受到眼睑的重量）、下巴、嘴巴、舌头。

感受到全身放松后，你可以使用大脑"增强剂"，促使下脑与上脑进行交流。此时的信息交流是最有效的，因为你的大脑完全处于活跃状态，内部"不活跃"的思维与感官已被移除。

这种自我减压法做一次只需要几分钟，且一天只需进行3~4次，整个人的精神面貌就会焕然一新。

如果你不确定选择哪种大脑"增强剂"，那么最好的选择就是下面的宣言：

每一天，我都在用各种方式让自己变得越来越好！

被灌输这种想法后，你的神经系统会不断变得活跃，无论是身体还是精神状态都会得到改善。

在减压训练阶段，不断重复这条宣言20~100次。

实际上，进行上述步骤的过程正是你培养并建立起全新的好习惯的过程，同时促进自身元–积极思维习惯的养成。自我暗示训练/自我催眠法对你而言，就是最好的方法。

冥想

冥想仅仅要求你做到注意力专注。尽管有一些院校在大力推广这种方法，但冥想并不是一种信仰。

在冥想的时候，大脑与日常现实"脱轨"，整个人进入非常平静的状态，且 α 脑波（四种基本脑电波之一，人体大脑处于潜意识状态下散发的脑波）占据主导地位。

图 9-2 冥想的坐姿

尽管大家偏向于坐着进行冥想，但是冥想的姿势并不局限于此。对于娴熟的冥想者来说，他们坐在地板上，双腿交叉就可以进行冥想；同样，坐在椅子上也可以进行冥想，你只需要后背挺直，全身放松（姿势很重要），头部向上，保持端正。

自我暗示训练法对外界环境有一定的要求：需要提供一些能让你感觉全身放松的物件来辅助你减压。冥想减压法则不同，你只需要一块坚硬的地面，让你觉得放松即可。无论选择何种姿势，你的大腿要放松，双脚轻松舒适地放在地面上，或者盘腿而坐（见图 9-2）。

冥想减压法的形式有两种：第一种是将注意力集中于脑内冥想的事物，例如闭眼呼吸；第二种是利用外界来辅助自己集中注意力，例如专注于一朵花。

超冥想就是第一种冥想形式的很好的例子。在进行这种形式的冥想时，选择一种声音，例如"哦"，不断重复发出这种声音，当你这样做时，外界的干扰会逐渐消失，你的大脑也会不断"放空"。那么持续多久呢？每天只需坚持3分钟，你就可以使得身体完全放松。最理想的持续时间是20分钟。有的人为了让自己达到冷静状态，甚至把时间延长到60分钟。

那么接下来，第二种冥想法该如何操作？你只要坐好即可，但是双眼必须睁开。

将注意力集中于外界的某个物体，让精神处于警戒状态。选择对象可以是蜡烛、花朵、宝石或者其他赏心悦目的事物。

在这一冥想阶段，你要尽己所能，全神贯注地关注这个物体，并且时间要尽可能长。注意，不是简单地盯着蜡烛或者花朵，而是洞察该物体的本质，深入挖掘其内在美以及含义。那么要持续多久呢？与第一种冥想法一样，5~60分钟都可以（有时候一旦你沉迷进去，你会感觉到永恒）。

休息与睡眠

▎休息

当你在开展以下活动时，你的大脑会不会突然迸发出许多有创意的想法，涌现各种各样的记忆，或者那些能够帮助你解决对你造成困扰的问题的相关方法？

- 洗澡
- 淋浴
- 刮胡子
- 化妆
- 上床睡觉
- 睡觉/做梦
- 在乡间小路散步
- 开车

- 慢跑 / 游泳
- 涂鸦
- 听音乐

在这些活动中，对于大多数人来说，至少有一项或者多项能让人灵感迸发！因为我们的大脑经常思考，导致身体长期处于疲劳状态，因此休息（娱乐活动）是必不可少的，这两个过程就好比大脑接收信息和输出信息。前者指主动学习，接收数据；后者指分类并整合信息。

一个人在独处并且全身放松的状态下，才会有时间回忆过往，才能迸发出有创意的想法。例如休息时，你会想到苹果与重力的关系，身体与水的关系，阳光与宇宙构造的关系，无论想到的点子多么不可思议，你只需要让自己去想即可。

换言之，如果你想更有效地利用大脑，就需要经常放松，也需要经常活动大脑。即便你自己不愿意休息，你的大脑也会发出休息的信号，例如：注意力涣散，精神紧张，或者更糟糕的是出现神经衰弱症状。这些信号都表明你的大脑需要休息和放松。

睡眠

睡眠是最深层次的休息方式之一。在睡眠期间，你的大脑会整合、转换、归类、备案你一天所经历的事情，也可能会帮你解决一些令你感到疑惑的问题。而做梦是睡觉时会自然发生的事情，梦境会给你带来灵感，让你产生天才般的具有创新力的想法。

20世纪60年代早期，不列颠哥伦比亚大学做了一项研究：学生可以选修关于梦境的一门心理课，第一学年开始的时候，他们进行了很多关于个性和天资的测试之后才开始真正学习这门课。这些学生感到很困惑，因为教授给他们布置的作业就是回忆自上一讲课之后是否有做梦的情况发生。如果有，教授就会开始与他们谈话，让他们详细描述这个梦。

随着这门课的继续，教授不断对学生进行心理测试，这门课的授课过程始终保持一致。在学期结束的时候，会做梦的学生人数从一开始的几个慢慢扩大到整个班。在心理测量测试中，学生的自我形象得到了提升，创新性想法增多，学习成绩普遍提高，对创新的意识进一步增强。此外，这些学生还培养了许多新兴趣。

该实验的结论是：若是在睡眠时能够专注地做梦，那么我们的身体健康水平将会得到普遍提升，创新性想法也会增多。这一点可以从许多伟人和科学家身上得到验证，做梦以及幻想是灵感的源泉，是思维发生范式转移的开始。

经常运动健身且饮食营养充分的人，睡眠会更深沉且睡眠质量更高，身体的疾病也会逐渐自愈，而且创造性的想法源源不断地涌现，看事情会更透彻。

健脑食品

基于此前章节的内容以及本章节的内容，目前你可以推断得出：为了身体健康，你需要为大脑补给以下4种重要的"健脑食品"。

（1）氧气。这是大脑最重要的、最基本的能量来源。能为大脑补给多少氧气取决于你的身体健康程度。

（2）营养。你需要经常为大脑提供适量的维生素、矿物质和其他营养元素，这些元素会使得你的大脑像一个巨大的生物化学实验室那样高效运转。所以，确保你的饮食非常有营养。

（3）信息。你要不断为大脑注入信息，可以通过身体的各个感官部位以及智力能力将其注入大脑。所以，要确保自己处于敏锐状态，且活到老学到老。

（4）关爱。没有关爱，大脑就像得不到呵护的花草一样会凋零。所以，一定要为大脑注入充足的爱。

总结

阅读至此，你即将读完整本书。通过学习本书，你已经全面掌握了人类大脑与身体两者之间的关系——身心合一。

你所掌握的知识包括（这也是对本书的总结）：

- 大脑具有协同效应，可以无限地迸发出创新思维想法以及解决各类问题的方法。
- 上脑（大脑皮层）可以控制整个大脑。
- 通过协调左右半脑能使大脑发挥事半功倍的作用。
- 大脑储存的知识比世界上最强的超级计算机还要全面和智能；大脑的构成使得我们可以成倍地提高智力。
- 大脑细胞是与生俱来的，每一个大脑细胞都具有惊人的能力，如果利用得当，会赋予我们无穷的能力。
- 全面掌握元-积极思维及其相关方法，并且了解如何利用影响力不好的坏习惯以及元-消极思维习惯来让我们的人生更丰富、更睿智。
- 深入了解创新思维的整个过程，以及提升寻找任意两个事物之间联系的能力。
- 全面了解事物之间的联系，人类是独一无二的，具有无限的联想能力，通过人与人之间的关联来了解自己和他人。
- 全面掌握重要的思维工具——思维导图，运用这种外观像瑞士军刀般的思维工具来分析事物、寻找策略，并通过水平思考、发散性思考来全面思考问题。
- 利用最终的成功法则 TEFCAS 让生活的方方面面都变得轻松可行。

- 学习大脑运作规律并将其运用到个人、小组活动或者集体项目之中。
- 在生活中，坚持运用大脑运作规律——坚持不懈！
- 全面学习身体构造，具体到人体的各个组成部分以及主要部分的所占比例。
- 全面掌握身体健康的知识要点，包括：体形身姿、身体柔韧度、有氧健身以及力量训练。
- 为了让大脑／身体变得更好，要学会各种与它相关的知识。

掌握了以上知识，你会发现生活变得更加有趣、更有挑战性、更令人兴奋且更有意义。

本书中的大脑运作规律和法则如同指南针，在你的人生遇到迷惘的时候，指引你学会如何平衡自我，如何将注意力集中于那些需要特别关注的地方。

人生就是一场思维竞赛。阅读本书并习得优秀的思维方法后，你就是竞赛中具有惊人思维的一员。

愿你的脑细胞永远焕发活力！

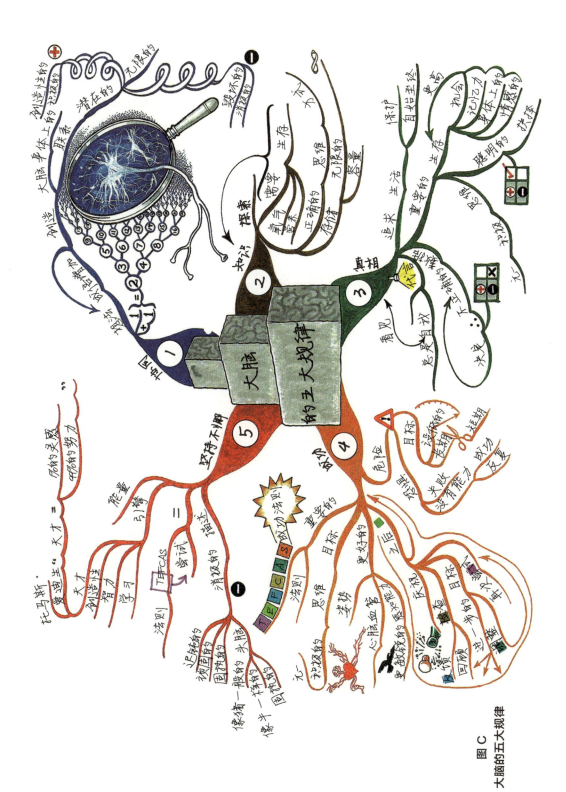

图 C
大脑的五大规律

附录 I

HEAD STRONG

国际思维节

东尼·博赞"国际思维节"在线资源

"国际思维节"是记忆力、快速阅读、智商、创造力和思维导图这五项"思维运动"的全面展示。

第一届"国际思维节"于1995年在伦敦皇家阿尔伯特大厅举行,由东尼·博赞和大英帝国勋章获得者雷蒙德·基恩共同组织。自此之后,这一活动与"世界记忆锦标赛"(亦称"世界脑力锦标赛")一起在英国牛津举办过,在世界各地包括马来西亚、中国、巴林也都举办过。世界各地的人们对这5项思维运动的兴趣越来越浓厚,因此这一活动极具吸引力。2006年,国际思维节的专场活动再次让皇家阿尔伯特大厅现场爆满。

这五项思维运动的每一项都有各自的理事会,致力于促进、管理和认证各自领域内的成就。

世界记忆运动理事会

世界记忆运动理事会是全球记忆运动的独立管理机构,管理世界各地的记忆竞赛和认证。东尼·博赞担任理事会终身名誉主席。请访问其网站 www.worldmemorysportscouncil.com。

世界记忆锦标赛

这是一项著名的全球性记忆比赛,又称"世界脑力锦标赛",其纪录不断被刷新。例如,在 2007 年的世界记忆锦标赛上,本·普理德摩尔(Ben Pridmore)在 26.28 秒内记住了一副被洗好的扑克牌,打破了之前由安迪·贝尔创立的 31.16 秒的世界纪录。

很多年以来,在 30 秒钟之内记忆一副扑克牌被看作相当于体育比赛中打破 4 分钟跑完 1 英里的纪录。有关世界记忆锦标赛的详细信息,可在网站 www.worldmemorychampionships.com 中找到。

亚太记忆运动理事会

亚太记忆运动理事会(Asia Pacific Memory Sports Council,"APMSC")是由东尼·博赞和雷蒙德·基恩直接任命的世界记忆运动理事会(WMSC)在亚洲的代表,负责管理世界记忆锦标赛在亚洲各国的授权,在亚太记忆公开赛上颁发"亚洲记忆大师"证书。

中国读者还可以参加亚太记忆运动理事会(APMSC)授权的官方认证培训,通过相关考试后可获得英国 WMSC 颁发的认证能力资格证书,请登录网址:

英国学校记忆锦标赛

从 1991 年创立之日起,世界记忆锦标赛就依据十大记忆原则为记忆建立了一个"黄金标准"。现在,我们在这些原则的基础上,建立了一个特别针对学校记忆比赛的简化版本,而且通过培训项目的支持来帮助学习者训练记忆的技巧。他们把这些技巧通过英国学校记忆锦标赛传递给英国所有中学的老师和学生。

英国学校记忆锦标赛由世界记忆锦标赛八连冠得主多米尼克·奥布莱恩(Dominic O'Brien)和世界记忆锦标赛首席裁判菲尔·钱伯斯领衔。创立

附录

这项比赛的目的是帮助学生探索大脑的记忆运动,以开发他们的思维技能,从而促进他们的学习。我们要在英国创立一个典范,以便能在全世界得到复制,建立"世界学校记忆锦标赛"。详细信息,请访问 www.schoolsmemorychampionships.com。

世界记忆运动理事会(WMSC)认证俱乐部

无论是在学校还是在公司组织,世界记忆俱乐部提供的都是一个支持性的环境,会员们在这里有一个共同的目标:给大脑一个最佳的操作系统。获得授权的记忆俱乐部可以提供官方认证初级记忆大师(LMM)资格考试。请访问 www.wmc-china.com。

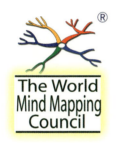

世界思维导图理事会(WMMC)认证俱乐部

思维导图是一种思维管理方法,由东尼·博赞于1971年发明公之于世。世界思维导图理事会致力于管理和促进这项运动,并且负责授予思维导图世界冠军的荣誉头衔。目前这一世界冠军的得主包括伊莲·科利尔和菲尔·钱伯斯。请访问理事会的网站 www.worldmindmappingcouncil.com。

世界快速阅读理事会

世界快速阅读理事会创立的目的是在全世界范围内促进、培训和认证快速阅读领域内的成就。

除了培养在短时间之内理解大量文字内容的能力之外,快速阅读是五项"思维运动"的其中一项,可以通过比赛来练习。这一理事会的网站是 www.worldspeedreadingcouncil.com。

大脑信托慈善基金会

善基金会是一家英国官方注册的慈善机构,由东尼·博赞于1990年创立,其目标是:充分发挥每个人的能力,开启和调动每个人大脑的巨大潜能。其章程包括促进对思维过程的研究、思维机制的探索,体现

247

在学习、理解、交流、解决问题、创造力和决策方面。2008 年，苏珊·格林菲尔德（Susan Greenfield）荣获了"世纪大脑"的称号。请访问 www.braintrust.org.uk。

大脑世界纪录国际学院

大脑世界纪录国际学院创立的目的是认可世界各地脑力选手的成就。除了裁决世界纪录和授予荣誉证书之外，学院还与"国际思维节"有联系。国际思维节主要展示五项思维运动的成就，包括记忆力、快速阅读、创造力、思维导图和智商。要了解更多详情，请登录网站 www.mentalworldrecords.com。

英国托尼·博赞国际机构

托尼·博赞授权认证讲师（Tony Buzan LicensedInstructor，"TBLI"）课程由英国托尼·博赞国际机构（Tony Buzan International Ltd）授权举办，TBLI 合格毕业生可获托尼·博赞全球授权认证讲师证书。TBLI 认证讲师在提交申请获得授权许可后，可开授英国博赞认证的思维导图、记忆技巧、快速阅读等相应科目的管理师（Practitioner）认证课程。

完成思维导图、记忆技巧、快速阅读或思维导图应用课中任意两门课程，并完成相应要求的 Practitioner 认证培训数量，即有资格申请进阶为托尼·博赞高级认证讲师（Senior TBLI）。

高级 TBLI 认证讲师继续选修完成一门未修课程，并完成相应要求的 Practitioner 认证培训数量，可有资格申请进阶为托尼·博赞主认证讲师（Master TBLI），另外，提交申请获得授权后可获得开授 TBLI 讲师认证课程的资格。

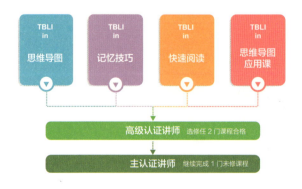

亚太记忆运动理事会（Asia Pacific Memory SportsaCouncil）为亚洲区唯一博赞授权认证课程管理中心，负责TBLI和PRACTITIONER认证课程的授权及证书的管理和分发。如果你有任何问题或者需要在亚洲区得到任何支持，可以通过以下方式联系相关负责人士。

亚洲官网：www.tonybuzan-asia.com 邮件：davidzhlw@hotmail.com

世界创造力理事会

创造力测试资深专家E.保罗·托伦斯（E. Paul Torrance）对创造力的定义如下：

"创造力是这样一个过程：对问题、缺陷、知识空白、缺失元素、不和谐等变得敏感；认识困难；寻求解决方案；做出猜测或对缺陷形成假设；验证和再验证假设，以及修正和再验证假设；最终表达出结果。"

创造力是五项学习型思维运动的其中一项，其他四项是思维导图、快速阅读、智商和记忆力。

这些能力之间相互有着积极的影响，它们共同帮助一个人更有效地去完成他所选择的工作。这五项学习型思维运动是"国际思维节"所主要展示的活动。请访问 www.worldcreativitycouncil.com 了解更多详情。

世界智商理事会

请登录 www.worldiqcouncil.com，访问世界智商理事会。你还可以在这个网站上测试你的智商。